T0171152

LET'S SPEAK SPANISH

PRACTICALLY

28 LESSONS FOR BEGINNERS

HABLEMOS ESPAÑOL
DE MANERA PRÁCTICA

28 LECCIONES PARA PRINCIPIANTES

Enrique Maya

Order this book online at www.trafford.com
or email orders@trafford.com

Most Trafford titles are also available at major online book retailers.

Printed in Victoria, BC, Canada.

ISBN: 978-1-4269-1881-0 (sc)

*Our mission is to efficiently provide the world's finest, most comprehensive book publishing
service, enabling every author to experience success. To find out how to publish your book, your
way, and have it available worldwide, visit us online at www.trafford.com*

Trafford rev. 11/30/2009

North America & international
toll-free: 1 888 232 4444 (USA & Canada)
phone: 250 383 6864 ♦ fax: 812 355 4082

Preface

Content

This book contains 28 Spanish lessons for beginners. All instructions, vocabulary, exercises, and activities are translated into English for better understanding and faster learning. These lessons are directed mainly to all those who wish to communicate with Spanish-language speakers in oral form.

At the beginning of each lesson, the name and number of the topic are given and each statement is shown in alphabetical order.

The main steps

The student should read aloud the small groups of letters or words individually after his teacher, never at the same time. Example; in the Spanish alphabet the student should repeat after his teacher, A, B, C, D., and then the next group of letters E, F, G, H., etc., and the vocabulary is the same. For example, the exercises A through F in lesson 1B. The student repeats, animal, artificial, chocolate, and then color, doctor, exterior and so on. This is to correct the student in his/her pronunciation when necessary. When there are more than two students and the teacher asks them to repeat words or sentences at the same time, the teacher can not ensure that each student is repeating the words correctly. That is why the students should not repeat in unison, so that the teacher can determine if each student pronounces correctly.

The grammar

It is not the objective of the author to teach grammar in this book. It is more important to increase your knowledge by identifying every thing by name, be it every word, phrase or sentence, that help with the topic that is to be attempted. It is also not required for students to look up words in a dictionary for definition such as nouns, adjectives, verbs, possessive pronouns, etc. It is only required that the student should clearly identify the name of the topic and exercises that lead to developing each lesson.

The notes

Allow the student to observe and pay special attention to comments or specific grammatical rules and their correct uses. Utilize these rules and comments that are helpful and explain themselves clearly, as well as they are reinforced with many exercises.

The main objective of this Book

As mentioned above, this book's purpose is not to teach grammar. What is asked of the student is to communicate by associating ideas and can construct sentences in the affirmative, interrogative and negative forms as well as being capable of asking for information using interrogative words such as: Who?, What?, Where?, etc., all with different grammatical tenses in spoken form.

Reading

By reading, students learn to express with fluency and clarity. With the material written in this book, the student must first read the exercises, even though some might have an answer line in front of them, as is the case in lesson 2D, exercise 1. The student should read "El árbol y las flores" and then write it.

Writing

In various exercises the student is asked to write in order to reinforce his/her learning experience. In some cases the answer lines are very limited to write on. In this case, the student can do the exercises in a notebook or separate sheet of paper as long as the teacher ensures that the student wrote the words correctly. This also helps the student practice spelling and writing.

Now let's continue with the first lesson. I hope that you enjoy the excitement of being able to communicate with other people in a different language.

The author

Prefacio

Contenido

Este libro contiene 28 lecciones de español para principiantes y todas las instrucciones, vocabulario, ejercicios y actividades, están traducidas al inglés para su mejor comprensión y más rápido aprendizaje. Estas lecciones están principalmente dirigidas a todas aquellas personas que desean comunicarse con hispanohablantes en forma oral.

Al principio de cada lección se da el nombre y número del tema, y cada instrucción se muestra en orden alfabético.

Los principales pasos

El estudiante debe leer en voz alta pequeños grupos de letras o palabras en forma individual después de su maestro, nunca debe repetir en coro. Ejemplo, en el alfabeto español el estudiante repite después de su maestro A, B, C, D., y después el siguiente grupo de letras E, F, G, H., etc., y con el vocabulario se hace lo mismo, por ejemplo los ejercicios A a la F en la lección 1B., el estudiante repite, animal, artificial, chocolate., y después color, doctor, exterior y así sucesivamente. Esto es con el fin de corregir al estudiante en su pronunciación cuando sea necesario. Cuando hay más de dos estudiantes y el maestro pide repetir palabras u oraciones en coro, el maestro no puede asegurar que cada uno de los estudiantes está repitiendo las palabras correctamente. Es por eso que se pide a los estudiantes no repetir en coro para que el maestro determine si cada uno pronuncia correctamente.

La gramática

No es el objetivo del autor enseñar gramática en este libro, lo que es más importante es incrementar su conocimiento identificando cada cosa por su nombre, ya sea cada palabra, frase u oración que sirve para identificar el tema que se va a tratar. Tampoco se pide que el estudiante busque en un diccionario la definición de palabras tales como sustantivo, adjetivo, verbo, pronombre posesivo etc., etc. Solamente se requiere que el estudiante identifique claramente el nombre del tema y los ejercicios que lo conllevan a desarrollar cada lección.

Las Notas

Permiten al estudiante observar y poner especial atención a comentarios o especificaciones sobre el uso correcto de las reglas gramaticales que son de gran ayuda. Las reglas se explican en términos muy claros y además están reforzadas con muchos ejercicios.

El principal objetivo de este libro

Como se mencionó en la parte superior, no es el propósito enseñar gramática en este libro. Lo que se pide es que el estudiante se comunique asociando ideas y pueda construir oraciones en forma afirmativa, interrogativa, negativa y además que sea capaz de pedir información usando palabras interrogativas tales como ¿Quién?, ¿Qué?, ¿Dónde? etcétera con diferentes tiempos gramaticales, todo esto en forma oral.

La lectura

Con la lectura, el estudiante aprende a expresarse con fluidez y claridad. Con el material escrito en este libro, el estudiante primeramente debe leer los ejercicios aunque algunos muestren espacios para la escritura como es el caso de la lección 2D ejercicio 1, el estudiante debe leer "El árbol y las flores" y después escribirlo.

La escritura

En varios ejercicios se le pide la estudiante escribir para reforzar su aprendizaje. En algunos casos el espacio es muy limitado para escribir, para este caso el estudiante puede hacerlo en un cuaderno u hojas separadas a fin de que el maestro se asegure que el estudiante escribió correctamente las palabras. Esto sirve también para que el estudiante practique la ortografía y escritura.

Ahora si, continuemos con la primera lección. Espero que usted disfrute de lo emocionante que es poder comunicarse con otras personas en un idioma diferente.

El autor

To the Teacher

Let's Speak Spanish Practically is a book that is directed to people who speak and write the English language and wish to communicate with native, Spanish-language speakers orally. As we all know from experience that oral communication is, for most people, the fundamental objective.
For this, we must follow a suitable method of education for the necessities of the students.
What is mentioned next are some strategies and suggestions so that each lesson is interpreted in a clear and simple manner.

So that the teacher initiates the method of these lessons, he must first consider the following:

1. The student must **listen** to his teacher and repeat clearly and aloud each word or sentence.
2. The student must **read** the exercises completely before writing.
3. The student must **speak** alternating questions and answers with another student.
4. The student must **construct** sentences in different grammatical tenses with the book closed,
5. The student can **write** the provided exercises in each lesson to reinforce his understanding.

Basically, this is the order to follow so that the student may acquire the fluency necessary to obtain his objective

Now let's do both of the first exercises of lessons 2D, 2G, 3D, 4A, and 4C.

In lesson 2D we see the following:

1. Árbol/flores   _____
2. Revistas/libros   _____

After understanding and reading all of the exercises in lesson 2D, the teacher asks the students to **close their books** to express all the previous orally.

a). Indicating to a student the teacher reads the words "Árbol, flores"
b). The student constructs the first phrase:
   El árbol y las flores.
c). Indicating to a another student the teacher reads the words "Revistas, libros"
d). The following student constructs the second phrase:
   Las revistas y los libros.
e). Finally, the teacher asks the students to open their books to write the exercises.

This exercise seems simple and it is. But it makes more interesting when the teacher asks the students to close their books to express the exercises orally. This helps the student reach a level of more efficient communication.
The teacher can also ask the student to interchange the words to make it more exciting. In the first exercise the student can say:

a). El árbol y las flores.   and   Las flores y el árbol.

In the lesson 2G we see the following:

1. Libro   _____   _____   _____   _____
2. Diccionario _____   _____   _____   _____

After understanding and reading all the exercises of the lesson 2G, the teacher asks the students to **close their books** to express all the previous orally.

a). Indicating to a student the teacher reads the word "libro"
b). The student puts definite and indefinite articles in front and expresses the following:
El libro - Los libros - Un libro - Unos libros
c). Indicating to another student the teacher reads the word "diccionario"
d). The following student also puts definite and indefinite articles in front.
El diccionario - Los diccionarios - Un diccionario - Unos diccionarios
e). Finally, the teacher asks the students to open their books to write the exercises.

Also, the students can play with the words interchanging definite and indefinite articles. In the first exercise the student can say:

a). El libro   - Los libros   - Un libro - Unos libros
Un libro - Unos libros - El libro - Los libros

The exercises in lesson 3D are just a little more complex, but they are possible to do orally if the students read and reread each one of them.

a). The teacher reads the first exercise "muchacho, el pasillo, el salón de clase"
b). A student structures the sentence and expresses the following.
Hay un muchacho en el pasillo y hay tres más en el salón de clase.

If the teacher thinks that the student can interchange the words in this sentence, he or she may do so:
a). Hay un muchacho en el salón de clase y hay tres más en el pasillo.

Finally, ask the students to write what they could express with words.

Now let's give an example with numbers.

After understanding and reading all the exercises of the lesson 4A, the teacher asks the students to **close their books** to express all the previous orally.

a). The teacher asks each student to say the numbers in groups of ten all the way to one hundred.
b). The first student will express orally: 1, 2, 3, 4, 5, 6, 7, 8, 9, 10
c) The second student will express orally: 11, 12, 13, 14, 15, 16, 17, 18, 19, 20.

When the students finish saying from one to one hundred, comes the most exciting part, each student must now express the numbers in groups of tens but backwards, so it would demonstrate the following.

a). The first student will say: 100, 99, 98, 97, 96, 95, 94, 93, 92, 91, 90.
b). The second student will say: 89, 88, 87, 86, 85, 84, 83, 82, 81, 80. etc.

Now let's see lesson 4C.

a). The teacher asks a student: 50 + 30
b). The student should answer 80.
c). The student asks the teacher 20 X 5
d). The teacher answers 100.

e). The teacher asks a different student: 75 - 60

f). The student should answer 15

g). The student asks to the teacher 60/3.

h). The teacher answers 20.

This exercise is like a game of ping pong. The teacher asks and the student answers. The student asks and the teacher answers. These numbers are only an example, but the most important thing is that the teacher carries out this similar practice and they should not exceed numbers past one hundred.

How are the grammatical tenses constructed in this book? Every grammatical tense is constructed in five parts that are presented as follows:

1	2	3	4	5
Pronombres personales	Verbos	Complementos	Formas: 1.afirmativa, 2.interrogativa 3.negativa	Palabras interrogativas ¿Quién? ¿Qué? ¿En dónde? etc., etc.
Yo	practico	español con María	Yo practico español con María	¿Quién practica español con María?
			¿Practicas tú español con María?	¿Qué practicas tú con María?
			Yo no practico español con María	¿En dónde practicas español con María?

This table is presented as an example of the simple present tense that is constructed firstly with eight subject pronouns, number 2, a list of verbs is given, number 3, a complement for each sentence, number 4, after constructing affirmative sentences the student will be able to change them to the interrogative and negative forms, and number 5, the student will be able to use interrogative words depending on the grammatical tense of each lesson.

This book can also be taught to a single student. This means that the teacher will participate 50%, and the student the other 50% with all the exercises.

If you wish to know how to carry out this strategy of teaching with the different grammatical tenses the only thing you have to do is write to the following e-mail address and you can also leave comments and/or suggestions.

The author

enriquemaya48@hotmail.com

Para el Maestro

Let's Speak Spanish Practically es una obra que está dirigida a personas que hablan y escriben el idioma inglés y que desean comunicarse con hispanohablantes en forma oral, porque sabemos por la experiencia que la comunicación es, para la mayoría de las personas, el objetivo primordial.
Para esto debemos seguir un método de enseñanza adecuado a las necesidades de los estudiantes.
Lo que a continuación se menciona, son algunas estrategias y sugerencias para que cada lección sea interpretada de una forma clara y sencilla.

Para que el maestro inicie el método de estas lecciones, primero debe tener en cuenta lo siguiente:

1. El estudiante debe **escuchar** a su maestro y repetir claramente y en voz alta cada palabra u oración.
2. El estudiante debe **leer** los ejercicios completos, antes de escribir.
3. El estudiante debe **hablar** alternando preguntas y respuestas con un segundo estudiante.
4. El estudiante debe **construir** oraciones en diferentes tiempos gramaticales con el libro cerrado,
5. El estudiante puede **escribir** los ejercicios proporcionados en cada lección para reforzar su conocimiento.

Básicamente este es el orden a seguir para que el estudiante adquiera la fluidez necesaria para lograr su objetivo.

Ahora hagamos los dos primeros ejercicios de las lecciones 2D, 2G, 3D, 4A, y 4C.
En la lección 2D vemos lo siguiente:

1. árbol/flores   _____
2. revistas/libros   _____

Después de comprender y leer todos los ejercicios de la lección 2D, el maestro pide a los estudiantes **cerrar sus libros** para expresar oralmente todo lo anterior.

a). Señalando a un estudiante el maestro lee las palabras "Árbol, flores"
b). El estudiante construye la primera frase:
   El árbol y las flores.
c). Señalando a otro estudiante el maestro lee las palabras "Revistas, libros"
d). El siguiente estudiante construye la segunda frase:
   Las revistas y los libros.
e). Por último el maestro pide a los estudiantes abrir sus libros para escribir los ejercicios.

Este ejercicio parece sencillo y lo es. Pero lo hace más interesante cuando el maestro pide a los estudiantes cerrar los libros para expresar los ejercicios oralmente. Esto hace que el estudiante logre alcanzar un nivel de comunicación más eficiente.
También el maestro puede pedir al estudiante invertir las palabras para hacerlo más emocionante. En el primer ejercicio el estudiante puede decir:

a). El árbol y las flores.   y   Las flores y el árbol.

En la lección 2G vemos lo siguiente:

1. libro   _____   _____   _____   _____
2. diccionario _____   _____   _____   _____

Después de comprender y leer todos los ejercicios de la lección 2G, el maestro pide a los estudiantes **cerrar sus libros** para expresar oralmente todo lo anterior.

    a). Señalando a un estudiante el maestro lee la palabra "libro"
    b). El estudiante antepone los artículos definido e indefinido y expresa lo siguiente:
       El libro - Los libros - Un libro - Unos libros
    c). Señalando a otro estudiante el maestro lee la palabra "diccionario"
    d). El siguiente estudiante también antepone los artículos definido e indefinido.
       El diccionario - Los diccionarios - Un diccionario - Unos diccionarios
    e). Por último el maestro pide a los estudiantes abrir sus libros para escribir los ejercicios.

También, los estudiantes pueden jugar con las palabras invirtiendo los artículos definido e indefinido. En el primer ejercicio el estudiante puede decir:

    a). El libro - Los libros - Un libro - Unos libros
        Un libro - Unos libros - El libro - Los libros

Los ejercicios de la lección 3D, son un poquito más complejos pero si se pueden hacer oralmente si los estudiantes leyeron y releyeron cada uno de ellos.

    a). El maestro lee el primer ejercicio "muchacho, el pasillo, el salón de clase"
    b). Un estudiante estructura la oración y expresa lo siguiente.
       Hay un muchacho en el pasillo y hay tres más en el salón de clase.

Si el maestro cree que el estudiante puede invertir esta oración, él o ella dirá:
    a). Hay un muchacho en el salón de clase y hay tres más en el pasillo.
Por último pida a los estudiantes escribir lo que pudieron expresar con palabras.

Ahora demos un ejemplo con los números.

Después de comprender y leer todos los ejercicios de la lección 4A, el maestro pide a los estudiantes **cerrar sus libros** para expresar oralmente todo lo anterior.

    a). El maestro pide a cada estudiante decir los números de diez en diez hasta el cien.
    b). El primer estudiante expresa oralmente: 1, 2, 3, 4, 5, 6, 7, 8, 9, 10
    c). El segundo estudiante expresa oralmente: 11, 12, 13, 14, 15, 16, 17, 18, 19, 20.

Cuando los estudiantes terminan de decir del uno al cien, viene la parte más emocionante, que cada estudiante exprese los números de diez en diez pero ahora a la inversa, así que se haría de la siguiente manera.

    a). El primer estudiante dirá: 100, 99, 98, 97, 96, 95, 94, 93, 92, 91, 90.
    b). El segundo estudiante dirá: 89, 88, 87, 86, 85, 84, 83, 82, 81, 80. etc.

Ahora veamos la lección 4C.

    a). El maestro pregunta a un estudiante: 50 + 30
    b). El estudiante debe contestar 80.
    c). El estudiante le pregunta al maestro 20 X 5
    d). El maestro contesta 100.
    e). El maestro le pregunta a otro diferente estudiante: 75 – 60

f). El estudiante debe contestar 15
g). El estudiante le pregunta al maestro 60/3.
h). El maestro contesta 20.

Este ejercicio es como un juego de ping pong. El maestro pregunta y el estudiante contesta. El estudiante pregunta y el maestro contesta. Estos números son solamente un ejemplo pero lo más importante es que el maestro lleve a cabo esta práctica similar y no deben exceder cantidades de cien.

¿Cómo están construidos los tiempos gramaticales en este libro? Cada tiempo gramatical está construido en cinco partes que son presentadas de la siguiente manera.

1	2	3	4	5
Pronombres personales	Verbos	Complementos	Formas: 1.afirmativa, 2.interrogativa 3.negativa	Palabras interrogativas ¿Quién? ¿Qué? ¿En dónde? etc., etc.
Yo	practico	español con María	Yo practico español con María	¿Quién practica español con María?
			¿Practicas tú español con María?	¿Qué practicas tú con María?
			Yo no practico español con María	¿En dónde practicas español con María?

Esta tabla se presenta como un ejemplo del tiempo presente de indicativo y está construido primeramente con ocho pronombres personales, el número 2, se da una lista de verbos, el número 3, un complemento para cada oración, el número 4, después de construir oraciones afirmativas el estudiante podrá cambiarlas a las formas interrogativa y negativa, y el número 5, el estudiante podrá usar palabras interrogativas dependiendo del tiempo gramatical de cada lección.

Este libro también puede ser enseñado a un solo estudiante. Esto quiere decir que el maestro participará el 50%, y el estudiante el otro 50% con todos los ejercicios.

Si el maestro desea saber como llevar a cabo esta estrategia de enseñanza con los diferentes tiempos gramaticales lo único que tiene que hacer es escribir al correo electrónico que se da a continuación y también para dar comentarios y sugerencias.

El autor

enriquemaya48@hotmail.com

Contenido
Contents

1. Alfabeto Español – Saludos y expresiones comunes. 1
   Spanish Alphabet – Greetings and common expressions.

2. Artículos Definido e Indefinido. 3
   Definite and Indefinite Articles

3. Preposiciones de lugar – Verbo impersonal "haber". 7
   Prepositions of place – There is, there are

4. Los números - ¿Cuántos? ¿Cuántas? 9
   The numbers - How many?

5. Pronombres Personales - Verbos Ser y Estar. 11
   Subject Pronouns - Verb To be

6. Adjetivos Posesivos. 17
   Possessive Adjectives

7. El reloj. 19
   The clock

8. Los Días de la Semana – Números Ordinales. 23
   The Days of the Week – Ordinal Numbers

9. Los Meses del Año – El Calendario. 25
   The Months of the Year – The Calendar

10. Presente de Indicativo. 29
    Present Indicative Tense

11. Palabras Interrogativas. 35
    Interrogative Words

12. Las Estaciones del Año – Tiempo Meteorológico – Colores. 39
    The Seasons of the Year – Weather Conditions – Colors

13. Verbo Gustar – Pronombres de complemento indirecto. 43
    To like – (to be pleasing to) – Indirect object pronouns

14. Verbo Tener – Expresiones Idiomáticas. 47
    Verb To have – Idiomatic Expressions

15. Partes del Cuerpo Humano. 49
    The Human Body

16. Presente Progresivo. 51
    Present Progressive

17. Antónimos. 57
    Antonyms

18. Adjetivos Demostrativos – Pronombres Posesivos. 59
    Demonstrative Adjectives – Possessive Pronouns

19. Tiempo Pretérito – Imperfecto de indicativo. 63
    Preterit Tense – The imperfect tense

20. Pretérito y Pasado Progresivo – Verbo estar. 71
    Preterit and Past Progressive – Verb to be

21. Futuro Idiomático – (ir a). 75
    Idiomatic Future – (going to)

22. Pronombres Reflexivos – Verbos Reflexivos. 79
    Reflexive Pronouns – Reflexive Verbs

23. Modo Imperativo. 83
    Imperative Mood

24. Tiempo Futuro – Verbo impersonal haber. 87
    Simple Future Tense – Impersonal verb *haber*

25. Tiempo Presente Perfecto. 91
    Present Perfect Tense

26. Tiempo Pasado Perfecto. 95
    Past Perfect Tense

27. Tiempo Futuro Perfecto. 101
    Future Perfect Tense

28. Más números – Fracciones 105
    More numbers – Fractions

Lección 1

Alfabeto Español
Spanish Alphabet

1A. Lea las letras del alfabeto español después de su maestro.
Read the letters of the Spanish alphabet after your teacher.

A	E	I	LL	O	S	W
B	F	J	M	P	T	X
C	G	K	N	Q	U	Y
D	H	L	Ñ	R	V	Z

Nota: La ch (che), rr (erre o doble erre) son consideradas letras del alfabeto español y se
encuentran dentro de las letras c y r.
Note: The 'ch' (che) and 'rr' (erre or double 'r') are considered letters of the Spanish alphabet
and can be found inside the letters 'c' and 'r.'

muchacho   boy
pero   but
perro   dog

1B. Deletree estas palabras que son idénticas en inglés y en español.
Spell out these words, which are identical in English and Spanish.

a). animal   g). hospital   m). plural
b). artificial   h). hotel   n). radio
c). chocolate   i). local   ñ). similar
d). color   j). natural   o). singular
e). doctor   k). perfume   p). taxi
f). exterior   l). piano   q). televisión

Ahora deletree su nombre.   Now spell your name
    Deletree su apellido.   Spell your last name

1C. Practique los saludos y algunas expresiones comunes.
Practice greetings and common expressions.

Buenos días   Good morning
Buenas tardes   Good afternoon
Buenas noches   Good evening

¡Hola!   Hello!
¿Qué tal?   How's it going?

Adiós, Carlos	Good-bye Carlos
Hasta luego, María	So long María
Hasta mañana, Luís	See you tomorrow Luís

Nota. E1: y E2: es igual a **E**studiante uno, dos o tres)

E1: Disculpe, ¿Puedo entrar?	Excuse me, May I come in?
E2: Pase	Come in
E1: Gracias	Thank you
E2: De nada	You're welcome
E1: Con permiso	Excuse me

E1: Eric, quiero presentarte a _____	Eric, I want to introduce you to_
E2: Mucho gusto.	Nice to meet you
E3: igualmente	Nice to meet you, too
E2: ¿De dónde es usted?	Where are you from?
E3: Soy de _____	I am from _____

Preguntas formales   Preguntas familiares

E1: ¿Cómo está usted?	¿Como estás tú?	How are you?
E2: Muy bien, gracias	Muy bien gracias	Very well, thank you.
E1: ¿Cuál es su nombre?	¿Cuál es tu nombre?	What's your name?
E2: Mi nombre es _____	Mi nombre es _____	My name is _____
E1: Mucho gusto	Mucho gusto	Nice to meet you
E1: ¿Cómo se llama (usted)?	¿Cómo te llamas (tú)?	What's your name?
E2: Me llamo <u>José Martínez</u>	<u>José</u>	My name is _____
E1: ¿Dónde vive (usted)?	¿Dónde vives (tú)	Where do you live?
E2: Yo vivo en <u>Dallas</u>.	Vivo en <u>Houston.</u>	I live in _____
E1: Tome asiento, por favor	Toma asiento, por favor	Have a seat, please.
E2: Muchas gracias	gracias	Thank you very much

Lección 2

Artículos Definido e Indefinido
Definite and Indefinite Articles

2A. El artículo definido debe coincidir con el sustantivo en género y número.
The definite article must coincide with the noun in gender and number.

	Masculino	Femenino
singular	el	la
plural	los	las

2B. Todos los sustantivos en español tienen género, masculino o femenino.
All Spanish nouns have a gender, male or female.

Masculino (singular)   Femenino (singular)

1. el carro   the car   6. la casa   the house
2. el libro   the book   7. la mesa   the table
3. el perro   the dog   8. la televisión   the TV
4. el lápiz   the pencil   9. la pluma   the pen
5. el diccionario   the dictionary   10. la silla   the chair

Masculino (plural)   Femenino (plural)

11. los estudiantes   the students   16. las flores   the flowers
12. los árboles   the trees   17. las plantas   the plants
13. los periódicos   the newspapers   18. las revistas   the magazines
14. los muchachos   the boys   19. las muchachas   the girls
15. los escritorios   the desks   20. las pinturas   the paintings

Nota: La regla general es que la mayoría de los sustantivos masculinos terminan en _o y la mayoría de los sustantivos femeninos terminan en _a.
Note: A general rule is that the vast majority of masculine nouns end in 'o' and feminine nouns end in 'a.'

2C. Aprenda la regla para pluralizar sustantivos.
Learn the rules to pluralize nouns.

1. Sustantivos terminados en vocal, aumente "s"
Nouns ending in vowel add "s"

2. Sustantivos terminados en l, n, r, s, aumente "es"
Nouns ending in l, n, r, s, add "es"

3. Sustantivos terminados en z, quite la z y aumente "ces"
Nouns ending in z take off the z and add "ces"

Ejemplos:

1. lámpara   lámparas   lamp
 periódico   periódicos   newspaper

2. hotel   hoteles   hotel
 lección   lecciones   lesson
 profesor   profesores   professor
 autobús   autobuses   bus

3. lápiz   lápices   pencil
 actriz   actrices   actress

2D. Lea horizontalmente cada sustantivo anteponiendo el artículo definido correspondiente y use la conjunción 'y' para unirlos, después escríbalos.
Read each noun horizontally placing before it its corresponding definitive article and joining them with the conjunction 'and,' then write them.

Ejemplo:

carros/autobús   <u>los carros y el autobús</u>   car/bus

1. árbol/flores   _____   tree/flower
2. revistas/libros   _____   magazine/book
3. escritorio/lámpara _____   desk/lamp
4. mesas/sillas   _____   table/chair
5. diccionario/pluma _____   dictionary/pen
6. muchachos/muchachas _____   boy/girl
7. profesor/estudiantes _____   professor/student
8. plumas/lápices   _____   pen/pencil
9. taxi/hotel   _____   taxi/hotel
10. casa/pinturas   _____   house/painting

Artículo Indefinido
Un, una, unos, unas
Indefinite Article
A, an, some

2E. El artículo indefinido debe coincidir con el sustantivo en género y número.
   The indefinite article must coincide with the noun in gender and number.

	Masculino	Femenino
singular	un	una
plural	unos	unas

2F. Aprenda el uso del artículo indefinido con sustantivos masculino y femenino, singular y plural.
   Learn how to use the indefinite article with masculine and feminine nouns, singular or plural.

Masculino (sing.)

1. un lápiz   a pencil
2. un piano   a piano
3. un cuaderno   a notebook
4. un árbol   a tree
5. un borrador   an eraser

Femenino (sing.)

6. una pluma   a pen
7. una regla   a ruler
8. una computadora a computer
9. una planta   a plant
10. una impresora   a printer

Masculino (pl.)

11. unos suéteres   some sweaters
12. unos pantalones   some trousers
13. unos zapatos   some shoes
14. unos cinturones   some belts
15. unos calcetines   some socks

Femenino (pl.)

16. unas blusas   some blouses
17. unas faldas   some skirts
18. unas camisas   some shirts
19. unas corbatas   some ties
20. unas medias   some stockings

2G. Lea horizontalmente cada sustantivo anteponiendo los artículos definido e indefinido en singular y
   plural según corresponda, y después escríbalos.
   Read each noun horizontally placing before it its corresponding definite and indefinite articles in
   singular and plural form correspondingly, and then write them.

Siga el ejemplo:

casa	la casa	las casas	una casa	unas casas
1. libro	_____	_____	_____	_____
2. diccionario	_____	_____	_____	_____
3. mesa	_____	_____	_____	_____
4. silla	_____	_____	_____	_____
5. cuaderno	_____	_____	_____	_____
6. pluma	_____	_____	_____	_____

7. lámpara
8. lápiz
9. revista
10. muchacha
11. televisión
12. muchacho
13. computadora
14. árbol
15. flor
16. planta
17. animal
18. perro
19. carro
20. lección
21. piano
22. doctor
23. radio
24. impresora
25. blusa
26. falda
27. hotel
28. hospital
29. pintura
30. actriz

2H. Lea estas palabras que se utilizarán en las próximas lecciones.
    Read these words to be used in next lessons.

1. agua	el agua		water
2. atleta	el atleta	la atleta	athlete
3. clima	el clima		climate
3. dentista	el dentista	la dentista	dentist
4. día	el día		day
5. idioma	el idioma		language
6. mapa	el mapa		map
7. Papa	el Papa		Pope
8. papá	el papá		father
9. pianista	el pianista	la pianista	pianist
11. policía	el policía	la policía	police officer/station
10. programa	el programa		program
12. foto	la foto	la fotografía	photograph
13. mano	la mano		hand
14. moto	la moto	la motocicleta	motorcycle
15. papa	la papa		potato
16. radio	la radio	el radio	radio
17. testigo	la testigo	el testigo	witness

Lección 3

Preposiciones de lugar
Prepositions of place
Verbo impersonal Haber
There is, there are

3A. Las preposiciones de lugar indican ubicación física.
    The prepositions of place indicate physical location.

1. en, dentro de	in	8. cerca de	near,
2. en, sobre	on	9. detrás de	behind
3. en	at	10. al lado de	beside
4. sobre, arriba	over,	11. por encima, sobre	above, on top
5. junto a	next to	12. frente a	opposite, facing
6. debajo de	under	13. en frente de	in front of, across
7. afuera de	outside of	14. en medio de, entre	between, among

3B. El verbo "haber" indica la existencia de algo.
    The verb 'to have' indicates the existence of something.

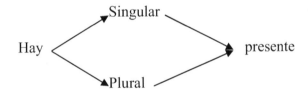

3C. Practique el verbo haber con sustantivos masculino, femenino, singular y plural.
    Practice 'there is' and 'there are' with masculine and feminine nouns, singular and plural.

Nota: La preposición 'de' más el artículo 'el' forman la contracción 'del.'
Note: The preposition *de* (of) and the article *el* (the, masculine) form the contraction *del* (of the).

Masculino (singular)

1. Hay un libro en la mesa.	book on the table
2. Hay un piano junto a mí.	piano next to me
3. Hay un reloj sobre la pared.	clock on the wall
4. Hay un lápiz debajo de la silla.	pencil under the chair
5. Hay un hotel en frente del (de el) parque.	hotel in front of the park

Femenino (singular)

6. Hay una pluma debajo del (de el) escritorio.	pen under the desk
7. Hay una engrapadora detrás de la planta.	stapler behind the plant
8. Hay una moneda en el vaso.	coin in the glass
9. Hay una regla en medio de los libros.	ruler between the books
10. Hay una bicicleta afuera de la casa.	bicycle outside the house

Masculino   (plural)

11. Hay unos archiveros en la esquina.   file cabinets in the corner
12. Hay unos lápices cerca de la computadora.   pencils near the computer
13. Hay unos marcadores entre los libros   markers among the books
14. Hay unos vasos al lado de la cafetera.   glasses beside the coffee maker
15. Hay unos calcetines dentro del (de el) cajón.   socks in the drawer

Femenino   (plural)

16. Hay unas pinturas arriba de ti.   paintings over you
17. Hay unas sillas en la sala.   chairs in the living room
18. Hay unas personas afuera del (de el) edificio.   people outside the building
19. Hay unas tijeras en el escritorio.   scissors on the desk
20. Hay unas pilas junto a la revista   batteries next to the magazine

3D. Ahora use la conjunción "y" para unir dos oraciones con el verbo haber.
    Now use the conjunction 'and' to join two sentences with the verb *haber* in Spanish.

Siga el ejemplo: Follow the example:
planta/la sala/el jardín   plant/living room/garden

Hay una planta en la sala y hay tres más en el jardín.

1. muchacho/el pasillo/el salón de clase   boy/hall/classroom

   _____

2. silla/el garaje/el cuarto de utilería   chair/garage/utility room

   _____

3. fotografía/dentro del fólder/detrás del diccionario   photograph/folder/dictionary

   _____

4. pluma/el cajón de arriba/el cajón de abajo   pen/top drawer/bottom drawer

   _____

5. lápiz/la caja/debajo de la mesa   pencil/box/table

   _____

6. camisa/sobre la cama/el armario   shirt/bed/closet

   _____

7. persona/la oficina/afuera   person/office/outside

   _____

3E. Practique el verbo haber con objetos que se encuentren cerca de usted.
    Practice the verb 'to have' with objects around you.

Lección 4

Los números
The numbers

4A. Lea los números del cero al cien en voz alta después de su maestro.
   Repeat each number from zero to one hundred aloud after your teacher.

0. cero			
1. uno	11. once	21. veintiuno	40. cuarenta (y)
2. dos	12. doce	22. veintidós	50. cincuenta (y)
3. tres	13. trece	23. veintitrés	60. sesenta (y)
4. cuatro	14. catorce	24. veinticuatro	70. setenta (y)
5. cinco	15. quince	25. veinticinco	80. ochenta (y)
6. seis	16. dieciséis	26. veintiséis	90. noventa (y)
7. siete	17. diecisiete	27. veintisiete	100. cien
8. ocho	18. dieciocho	28. veintiocho	
9. nueve	19. diecinueve	29. veintinueve	
10. diez	20. veinte	30. treinta (y)	

4B. Practique sumas, restas, multiplicaciones y divisiones.
   Practice addition, subtraction, multiplication, and division.

$5 + 5 = 10$ cinco más cinco (son) diez
                       cinco y cinco (son) diez

$8 - 7 = 1$ ocho menos siete (es) uno

$7 \times 3 = 21$ siete por tres (son) veintiuno

$15 / 3 = 5$ quince entre tres (son) cinco
                       quince dividido por tres (son) cinco

4C. Lea las siguientes cantidades y dé la respuesta correcta.
   Read the following quantities, and give the correct response.

a). $8 \times 3 =$ _____   f). $10 / 2 =$ _____   k). $9 \times 9 =$ _____

b). $14 + 22 =$ _____   g). $33 - 3 =$ _____   l). $6 / 2 =$ _____

c). $70 - 30 =$ _____   h). $43 + 40 =$ _____   m). $50 + 50 =$ _____

d). $4 - 3 =$ _____   i). $100 - 25 =$ _____   n) $6 \times 6 =$ _____

e). $25 \times 3 =$ _____   j). $80 / 4 =$ _____   ñ). $20 \times 3 =$ _____

4D. Lea horizontalmente los siguientes números.
   Read each of the following numbers horizontally.

1	11	100
2	12	20
3	13	30
4	14	40
5	15	50
6	16	60
7	17	70
8	18	80
9	19	90

4E. Formule preguntas usando ¿Cuántos? o ¿Cuántas?
   Formulate a few questions using 'How many?'

1. E1: ¿Cuántos libros hay en el librero?   _____ books are in the bookcase
   E2. Hay como treinta.   about thirty

2. E1. ¿Cuántos dulces hay en el frasco?   _____ pieces of candy are in the jar
   E2. Hay como cincuenta   about fifty

3. E1. ¿Cuántos mapas hay sobre la pared?   _____ maps are on the wall
   E2. Solamente uno.   Only one

4. E1. ¿Cuántos estudiantes hay en la clase de español? _____ students are in the Spanish class
   E2. Hay ocho   Eight

5. E1. ¿Cuántos lápices hay en el cajón?   _____ pencils are in the drawer
   E2. Hay setenta y cinco.   Seventy five

6. E1. ¿Cuántas llaves hay en tu llavero?   _____ keys are on your keychain
   E2. Seis   Six

7. E1. ¿Cuántas computadoras hay en la oficina?   _____ computers are in the office
   E2. cuatro   Four

8. E1. ¿Cuántas plantas hay junto a la ventana?   _____ plants are next to the window
   E2. Hay una.   One

9. E1. ¿Cuántas televisiones hay en tu casa?   _____ TVs are in your house
   E2. Hay tres   Three

10. E1. ¿Cuántas lámparas hay en tu recámara?   _____ lamps are in your bedroom
    E2. Dos   Two

4F: Haga preguntas usando ¿Cuántos-as?, con objetos que estén a su alrededor. Estudiante 2 contéstelas.
   Formulate a few questions using 'How many?' with objects around you. Student two, answer them.

Lección 5

Pronombres Personales
Subject Pronouns
Verbos Ser y Estar
Verb To be

5A. Lea en voz alta los pronombres personales.
    Read the subject pronouns aloud.

Yo		I
Tú	(singular - Familiar)	You
Usted	(singular - Formal)	You
Él		He
Ella		She
Nosotros-as	(masculino - femenino)	We
Ustedes	(plural)	You
Ellos-as	(masculino - femenino)	They

5B. Reemplace las palabras de la izquierda por el pronombre personal correcto.
    Replace the words of the left with the correct subject pronoun.

Ejemplo: Roberto y María _____ellos_____

1. Usted y Elizabeth _____
2. El doctor _____
3. La doctora _____
4. Diana y Melissa _____
5. Usted y yo _____
6. Las muchachas _____
7. Los muchachos _____
8. Gloria _____
9. El dentista _____
10. La testigo _____

5C. Ahora lea en voz alta la conjugación de los verbos ser y estar.
    Now read each of the conjugations of the verb 'to be' aloud.

Identificación Identify	Localización location	
Yo soy	Yo estoy	I am
Tú eres	Tú estás	You are
Usted es	Usted está	You are
Él es	Él está	He is
Ella es	Ella está	She is
Nosotros-as somos	Nosotros-as estamos	We are
Ustedes son	Ustedes están	You are
Ellos-as son	Ellos-as están	They are

5D. Practique el verbo 'Ser' con sus diferentes definiciones.
Practice the verb 'to be' as *ser* with its different definitions.

'Ser' se usa para identificar a una persona o personas.
'To be' is used to identify a person or persons.

1. Él es Roberto.	He is Roberto.
2. Ella es mi hermana Patricia.	She is my sister Patricia.
3. Ellos son estudiantes de medicina.	They're medical students.

'Ser' también se usa con profesiones u ocupaciones.
'To be' also is used by professions and occupations.

Practíquelo con un ejemplo:	Practice it with an example:
doctor/enfermero	doctor/nurse
E1. ¿Es usted doctor?	Are you a doctor?
E2. No, soy enfermero	No, I am a nurse

1. escritor/editor	writer/ publisher
2. carpintero/plomero	carpenter/plumber
3. radiólogo/terapeuta	radiologist/therapist
4. chofer/mecánico	driver/mechanic
5. profesor/consejero	professor/advisor
6. director de cine/productor	movie director/producer
7. policía/detective	policeman/detective
8. dentista/higienista	dentist/hygienist
9. abogado/asistente legal	lawyer/legal assistant
10. jardinero/pintor	gardener/painter

'Ser' se usa para expresar cualidades o características propias o naturales.
'To be' is used to express qualities or characteristics own or natural.

1. Alejandra es buena.	Alejandra is good.
2. Elvira es bonita.	Elvira is pretty.
3. Tu casa es grande.	Your house is large.
4. Su corbata (de él) es de seda.	His tie is of silk.
5. El Sr. Martínez es rico.	Mr. Martinez is rich.
6. Mi mamá es joven.	My mother is young.

'Ser' se usa para expresar nacionalidad u origen.
'To be' is used to express nationality or origin.

1. René es salvadoreño.	Rene is Salvadorian.
Él es de El Salvador.	He is from El Salvador.
2. Enrique es mexicano.	Enrique is Mexican.
Él es de México.	He is from Mexico.
3. Brian es americano.	Brian is an American.
Él es de Los Estados Unidos.	He is from The U.S.A.

'Ser' se usa también para expresar propiedad.
'To be' is also used to express possession.

1. Esos libros son de Angélica.
2. Esta pluma es de la señora López.
3. Esa casa es de Alfredo.
4. Este radio es de Laura
5. Estos perros son de Arturo

Those are Angélica's books.
This is Mrs. Lopez's pen.
That is Alfredo's house.
This is Laura's radio.
These are Arturo's dogs.

5E. Practique el verbo 'Estar' con sus diferentes definiciones.
Practice the verb 'to be' as *estar* with its different definitions.

'Estar' se usa para expresar localización o lugar.
Estar is used to express location or place.

1. María está en el parque.
2. Los estudiantes están en la escuela
3. El diccionario está sobre la mesa.
4. La regla está debajo de la caja.
5. Hilda está en Houston.

Mary is at the park.
The students are at school.
The dictionary is on the table.
The ruler is under the box.
Hilda is in Houston.

'Estar' expresa una condición o estado temporal.
Estar expresses a condition or temporary state.

1. Mi papá está enfermo.
2. La puerta está abierta.

My dad is sick.
The door is open.

'Estar' también se usa para formar el tiempo progresivo.
Estar is used to form the progressive tense as well.

1. Rocío está estudiando inglés.
2. Ellas están viendo la TV.

Rocío is studying English.
They are watching TV.

5F. Llene los espacios con la forma correcta de los verbos ser o estar.
Fill in the blank spaces with the correct form of either *ser* or *estar*.

1. El café _____ frío
2. La Sra. García _____ enferma
3 .El Sr. Martínez _____ arquitecto
4. Mario y Pablo _____ salvadoreños
5. Karen y yo _____ radiólogos
6. Ellos _____ hermanos
7. Alejandra _____ bonita
8. Los libros _____ en la mesa
9. Los niños _____ en el parque
10. Yo _____ aprendiendo español

cold
sick
architect
salvadorian
radiologist
brothers
pretty
table
park
learning Spanish

13

11. La puerta _____ cerrada   closed
12. Nosotras _____ viendo la televisión   watching tv.
13. Esos libros _____ de anatomía   anatomy
14. Este carro _____ de Vanesa
15. Pedro _____ muy inteligente   intelligent

5G. Lea las siguientes afirmaciones y cámbielas a las formas interrogativa y negativa.
Read the following statements and change them to interrogative and negative forms.

Siga el ejemplo: Follow the example:

Pedro es arquitecto.   Pedro is an architect.
¿Es Pedro arquitecto?   Is Pedro an architect?
Pedro no es arquitecto.   Pedro is not an architect.

1. La flor es artificial.   artificial
2. La fotografía es grande.   big
3. El hotel es pequeño.   small
4. La lección de español es fácil.   easy
5. El jardín es bonito.   pretty
6. Esa muchacha es simpática.   nice
7. Nuestro auto es moderno.   modern
8. El programa de la TV es divertido.   entertaining
9. El autobús es cómodo.   confortable
10. El diccionario es un libro grueso.   thick
11. Teresa es actriz   actress
12. Raúl y Víctor son altos.   tall
13. Nosotros somos amigos de Julio.   Julio's friends
14. El Sr. Hernández es gerente.   manager
15. Berta y Patricia son recepcionistas.   receptionists
16. Mi carro es viejo.   old
17. Graciela es maestra.   teacher
18. Javier es mexicano.   Mexican
19. Ricardo es mi primo.   cousin
20. Las computadoras son caras.   expensive

Continúe cambiando a las formas interrogativa y negativa pero ahora con el verbo "estar."
Continue changing the statements to interrogative and negative forms but now with the verb *estar*.

Siga el ejemplo: Follow the example:

Leticia está en México.   Leticia is in Mexico.
¿Está Leticia en México?   Is Leticia in Mexico?
Leticia no está en México.   Leticia is not in Mexico.

21. Mi café está frío.	cold
22. Beatriz está enferma.	sick
23. El teléfono está en la sala.	living room
24. Los lápices están en el segundo cajón.	second drawer
25. Tus llaves están junto a la televisión.	close to, near
26. Sandra está contenta.	glad
27. El agua está caliente.	hot
28. Yo estoy bien.	fine
29. El mapa está sobre la pared.	wall
30. Las ventanas están cerradas.	closed
31. La computadora está prendida.	on
32. Los estudiantes están en el salón de clase.	classroom
33. El Sr. y la Sra. López están en la oficina.	office
34. El clima está agradable.	nice
35. La impresora y copiadora están en ese cuarto.	that room
36. Elizabeth está en el cine.	movies
37. Mi hermano está en Iowa.	Iowa
38. Oklahoma está al norte de Texas.	north of Texas
39. Norma y Andrés están en el comedor.	dining room
40. Su libro (de Ud.) está en la mesa.	table

5H. Haga preguntas con ¿Dónde está tu…..? o ¿Dónde están tus…..?, y contéstelas.
Formulate a few questions with Where is your…...? or Where are your…..? and answer them.

Ejemplo:	Example:
bicicleta/garaje	bicycle/garage

E1: ¿Dónde está tu bicicleta?	Where is your bicycle?
E2: Está en el garaje.	It's in the garage.

1. podadora/jardín	lawn mower/garden
2. pinzas/cajuela	pliers/trunk
3. gato (hidr.)/cuarto de utilería	jack/storage
4. tijeras/mostrador	shears/counter
5. desarmador (destornillador)/tablero	screwdriver/board
6. martillo/gabinete	hammer/roller cabinet
7. sierra circular/anaquel	circular saw/shelf
8. cinta métrica/cajón	measuring tape/drawer
9. pinzas de presión/bolsa de herramienta	vice-grips/tool bag
10. matraca y juego de dados/carro	ratchet & socket set/car
11. taladro y brocas/caja de herramienta	drill & drill bits/tool box
12. diablo/patio de atrás	dolly/back yard
13. manguera/debajo de esa mesa	water hose/that table
14. compresora/garaje	compressor/garage
15. linterna/bolsillo	flashlight/pocket

15

Adjetivos Posesivos
Possessive Adjectives

6A. Repita en voz alta los adjetivos posesivos después del maestro.
Repeat the possessive adjectives aloud after the teacher.

(Yo)	Mí, mis		My
(Tú)	Tu, tus		Your
(Ud.)	Su, sus	(de usted)	Your
(Él)	Su, sus	(de él)	His
(Ella)	Su, sus	(de ella)	Her
(Nosotros-as)	Nuestro, nuestra, nuestros, nuestras		Our
(Ustedes)	Su, sus	(de ustedes)	Your
(Ellos-as)	Su, sus	(de ellos o ellas)	Their

6B. Lea horizontalmente los adjetivos posesivos en singular y plural.
Read the possessive adjectives horizontally in singular and plural form.

Singular		Plural	
1. Mi perro		Mis perros	dog (s)
2. Tu llave		Tus llaves	key (s)
3. Su libro	(de Ud.)	Sus libros	book (s)
4. Su pluma	(de él)	Sus plumas	pen (s)
5. Su marcador	(de ella)	Sus marcadores	marker (s)
6. Nuestro auto	(masculino)	Nuestros autos	car (s)
7. Nuestra computadora	(femenino.)	Nuestras computadoras	computer (s)
8. Su lección de español	(de Uds.)	Sus lecciones de español	Spanish lesson (s)
9. Su casa	(de ellos-as)	Sus casas	house (s)

6C. Use todos los adjetivos posesivos con cada uno de los ejercicios descritos abajo.
Use all of the possessive adjectives with each exercise described below.

Singular	Plural
1. _____ casa es grande house is big	6. _____ libros están en la repisa books are on the shelf
2. _____ pluma es azul pen is blue	7. _____ muebles son cafes furniture is brown
3. _____ diccionario es rojo dictionary is red	8. _____ zapatos son negros shoes are black
4. _____ oficina es confortable office is comfortable	9. _____ llaves están debajo de la mesa keys are under the table
5. _____ escritorio es de madera desk is made of wood	10. _____ fotografías están en el librero photos are in the bookcase

6D. Aprenda la conjugación del verbo tomar en presente de indicativo.
Learn the conjugation of the verb 'to drink' in present indicative.

Yo tomo		I drink
Tú tomas	(sing. - Familiar)	You drink
Usted toma	(sing. - Formal)	You drink
Él toma		He drinks
Ella toma		She drinks
Nosotros-as tomamos		We drink
Ustedes toman	(plural)	You drink
Ellos-as toman		They drink

Nota: El presente de indicativo será visto en detalle en la lección diez.
Note: The present indicative will be seen in detail in the tenth lesson.

6E. Ahora construya la misma oración cambiando los pronombres personales y su adjetivo posesivo correspondiente.
Now formulate the same sentence changing the subject pronouns and their corresponding possessive adjectives.

Yo tomo jugo de naranja, **mi** papá toma café, **mis** hermanos toman leche.

Tú   _____   _____

Ud.   _____   _____

Él   _____   _____

Ella   _____   _____

Nosotros   _____   _____

Uds.   _____   _____

Ellos   _____   _____

Lección 7
El Reloj

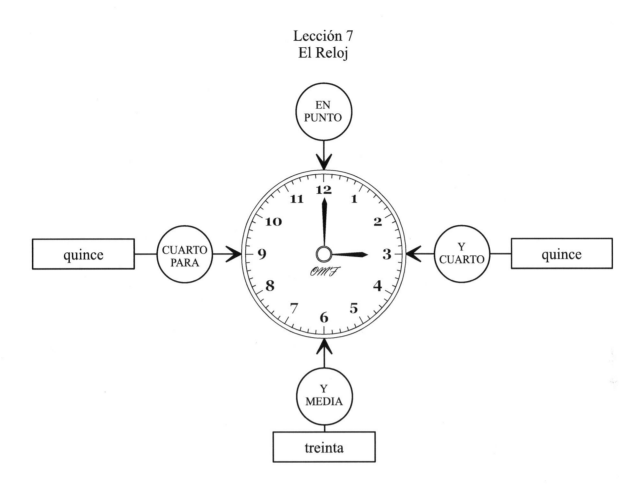

7A. Conteste a la siguiente pregunta: ¿Qué hora es?
    Answer the following question: What time is it?

1. Son las doce en punto

2. Es la una en punto

3. Son las diez en punto

4. Son las tres y cuarto

5. Son las doce y cuarto

6. Son las ocho y cuarto

7. Son las tres y media

8. Son las once y media

9. Son las doce y media

10. Falta un cuarto para las diez

11. Falta un cuarto para las nueve

12. Falta un cuarto para la una

13. Son las dos y diez

14. Son las cinco y veinticinco

15. Es la una y veinte

16. Son veinte para las cuatro

17. Son cinco para las dos

18. Son veniticinco para las nueve

7B. Estudiante uno pregunte la hora, estudiante dos contéstela.
Student one ask for the time, student two answer it.

1. _____

2. _____

3. _____

4. _____

5. _____

6. _____

7. _____

8. _____

9. _____

7C. Aprenda las diferentes formas para decir la hora en un reloj digital.
Learn the different forms of saying the time in a digital clock.

1. Son las doce en punto
   Es medio dia

2. Son las cuatro quince
   Son las cuatro y cuarto

3. Son las ocho treinta
   Son las ocho y media

4. Son las nueve cuarenta y cinco
   Falta un cuarto para las diez

5. Son las tres cincuenta
   Son diez para las cuatro

6. Es la una treinta
   Es la una y media

7D. Diga las siguientes horas.
Say the following times.

1. _____

2. _____

3. _____

4. _____

5. _____

6. _____

7. _____

8. _____

9. _____

7D. Conteste las siguientes preguntas.
   Answer the following questions.

1. ¿A qué hora entras a la clase de español?   to come in

   _____

2. ¿A qué hora comes?   to have dinner

   _____

3. ¿A qué hora ves tu programa favorito?   to watch

   _____

4. ¿A qué hora te acuestas?   to go to bed

   _____

5. ¿A qué hora te levantas?   to wake up

   _____

Lección 8

Los Días de la Semana
The Days of the Week
Números Ordinales
Ordinal Numbers

8A. Repita en voz alta los días de la semana.
   Repeat each of the days of the week aloud.

Lunes   Monday
Martes   Tuesday
Miércoles   Wednesday
Jueves   Thursday
Viernes   Friday
Sábado   Saturday
Domingo   Sunday

E1. ¿Cuáles son los días de la semana?   What are the days of the week?
E2. Los días de la semana son: _____   The days of the week are: _____

8B. Aprenda algunos números ordinales.
   Learn a few ordinal numbers.

Nota: Los números ordinales indican orden, rango o categoría en una serie.
Note: The ordinal numbers indicate order, rank, or category in a series.

1. primer-o   first   7. séptimo   seventh
2. segundo   second   8. octavo   eighth
3. tercer-o   third   9. noveno   ninth
4. cuarto   fourth   10. décimo   tenth
5. quinto   fifth   11. décimo primero eleventh
6. sexto   sixth   12. décimo segundo twelfth

Nota: Use primer y tercer antes de un sustantivo.
Note: Use *primer* and *tercer* before a noun.
Ejemplo: Primer aniversario. Tercer lugar.

8C. Practique los días de la semana con números ordinales
   Practice the days of the week with ordinal numbers.

Ejemplo: lunes   Example: Monday
Lunes es el primer día de la semana.   Monday is the first day of the week.

Martes _____
Miércoles _____
Jueves _____
Viernes _____
Sábado _____
Domingo _____

8D. Practique la forma interrogativa como se muestra en el ejemplo.
    Practice the interrogative form as is shown in the example.

Lunes/quinto   Monday/fifth

E1: ¿Es lunes el quinto día de la semana?   Is Monday the fifth day of the week?
E2: No, es el primero.   No, it's the first.

1. domingo/segundo
2. martes/tercer
3. jueves/quinto
4. sábado/séptimo
5. viernes/cuarto
6. miércoles/ primer

8E: Conteste las siguientes preguntas.
    Answer the following questions.

E1: ¿Qué día es hoy?   What day is it today?
E2: _____

E1: ¿Cuántos días hay en una semana?   How many days are there in a week?
E2: _____

E1: ¿Qué día es mañana?   What day is tomorrow?
E2: _____

E1: ¿Qué día es pasado mañana?   What day is the day after tomorrow?
E2: _____

8F. Use el artículo definido 'el' más un día de la semana como se muestra en el ejemplo.
    Use the definite article *el* in Spanish and a day of the week as is shown in the example.

Ejemplo: Example:

Mi día de descanso es…………   My day off is……………
Mi día de descanso es <u>el</u> martes.   My day off is <u>on</u> Tuesday

1. Tengo clase de español……….   I have a Spanish class

    _____

2. Voy al cine……….   I go to the movies

    _____

3. Practico balón cesto……….   I practice basketball

    _____

4. Lavo mi carro……….   I wash my car

    _____

Lección 9

Los Meses del Año
The Months of the Year
El calendario
The calendar

9A. Lea los meses del año en voz alta.
     Read each of the months of the year aloud.

Enero	January	Julio	July
Febrero	February	Agosto	August
Marzo	March	Septiembre	September
Abril	April	Octubre	October
Mayo	May	Noviembre	November
Junio	June	Diciembre	December

9B. Practique los meses del año con números ordinales.
     Practice the months of the year with ordinal numbers.

Ejemplo:

Julio/séptimo   July/seventh
Julio es el séptimo mes del año.   July is the seventh month of the year.

   1. septiembre/noveno
   2. diciembre/décimo segundo
   3. febrero/segundo
   4. octubre/décimo
   5. junio/sexto
   6. noviembre/décimo primer
   7. enero/primer
   8. abril/cuarto
   9. marzo/tercer
  10. mayo/quinto

9C. El Calendario. Aprenda a decir la fecha.
     The Calendar. Learn how to say dates.

Nota: La fecha en español primero comienza con el día después el mes y al último el año. Solamente el primer día de cada mes se dice el número ordinal "primero", con los demás se usan números cardinales.
Note: Dates in Spanish first begin with the day, then the month, followed by the year. Only the first day of each month is ordinal, the rest are cardinal.

¿Cuál es la fecha de hoy?		What's today's date?
o		
¿Qué fecha es hoy?		

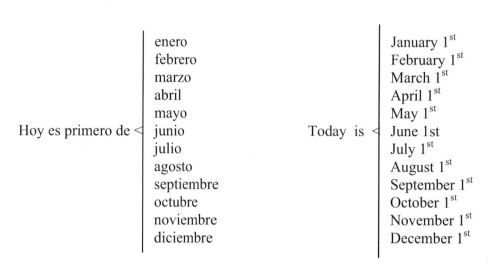

	enero		January 1st
	febrero		February 1st
	marzo		March 1st
	abril		April 1st
	mayo		May 1st
Hoy es primero de	junio	Today is	June 1st
	julio		July 1st
	agosto		August 1st
	septiembre		September 1st
	octubre		October 1st
	noviembre		November 1st
	diciembre		December 1st

9D. Diga la fecha como se muestra en el ejemplo y continúe con los siguientes meses.
Say the date as shown in the example and continue with the following months.

Ejemplo:

2010
Diciembre

D	L	M	M	J	V	S
			1	2	3	4	5
6	7	8	9	10	11	12
13	14	15	16	17	18	19
20	21	22	23	24	25	26
27	28	29	30	31		

E1: ¿Cuál es la fecha de hoy?
E2: Hoy es treinta y uno de diciembre del dos mil diez.

Enero

D	L	M	M	J	V	S
				1	2	3
4	5	6	7	8	9	10
11	12	13	14	15	16	17
18	19	20	21	22	23	24
25	26	27	28	29	30	31

Febrero

D	L	M	M	J	V	S
1	2	3	4	5	6	7
8	9	10	11	12	13	14
15	16	17	18	19	20	21
22	23	24	25	26	27	28

Marzo

D	L	M	M	J	V	S
1	2	3	4	5	6	7
8	9	10	11	12	13	14
15	16	17	18	19	20	21
22	23	24	25	26	27	28
29	30	31				

Abril

D	L	M	M	J	V	S
			1	2	3	4
5	6	7	8	9	10	11
12	13	14	15	16	17	18
19	20	21	22	23	24	25
26	27	28	29	30		

Mayo

D	L	M	M	J	V	S
					1	2
3	4	**5**	6	7	8	9
10	11	12	13	14	15	16
17	18	19	20	21	22	23
24	25	26	27	28	29	30

Junio

D	L	M	M	J	V	S
	1	2	3	4	5	6
7	8	9	10	11	12	13
14	15	16	17	18	19	20
21	22	23	24	25	26	27
28	29	30				

Julio

D	L	M	M	J	V	S
		1	2	3	**4**	
5	6	7	8	9	10	11
12	13	14	15	16	17	18
19	20	21	22	23	24	25
26	27	28	29	30	31	

Agosto

D	L	M	M	J	V	S
						1
2	3	4	5	6	7	8
9	10	11	12	13	14	15
16	17	18	19	20	21	22
23	**24**	25	26	27	28	29

Septiembre

D	L	M	M	J	V	S
		1	2	3	4	5
6	7	8	9	10	11	12
13	14	15	**16**	17	18	19
20	21	22	23	24	25	26
27	28	29	30			

Octubre

D	L	M	M	J	V	S
				1	2	3
4	5	6	7	8	9	10
11	12	13	14	15	16	17
18	19	20	21	22	23	24
25	26	27	28	29	30	31

Noviembre

D	L	M	M	J	V	S
1	2	3	4	5	**6**	7
8	9	10	11	12	13	14
15	16	17	18	19	20	21
22	23	24	25	26	27	28
29	30					

Diciembre

D	L	M	M	J	V	S
		1	2	3	4	5
6	7	8	9	10	11	12
13	14	15	16	17	18	19
20	21	22	23	**24**	25	26
27	28	29	30	31		

9E. Pregunte por el día y complete la respuesta con la fecha. Vea el ejemplo 6D y continúe con los meses siguientes.

Ask what day it is and complete the answer with the date. Look at the example 6D and continue with the following months.

E1: ¿Qué día es hoy?
E2: Hoy es jueves treinta y uno.

What day is it today?
Today is Thursday the 31st.

9F. Conteste las siguientes preguntas.
Answer the following questions.

1. ¿Cuándo naciste?
Yo nací el _____

When were you born?
I was born on _____

2. ¿Cuándo es Día de San Valentín?
_____

Valentine's Day

3. ¿Cuándo es Día de las Madres?
_____

Mother's Day

4. ¿Cuándo es Día de la Independencia?
_____

Independence Day

Lección 10

Presente de indicativo
Present Indicative Tense

10A. Repase los pronombres personales.
 Review the subject pronouns.

Yo		I
Tú	(sing. - Familiar)	You
Usted	(sing. - Formal)	You
Él		He
Ella		She
Nosotros-as	(masculino-femenino)	We
Ustedes	(pl.)	You
Ellos-as	(masculino-femenino)	They

10B. Reemplace las palabras de la izquierda por el pronombre personal correcto.
 Replace the words on the left with the correct subject pronoun.

 Ejemplo: José y Luis   ____ellos____

 1. Usted y Rosemary   _____
 2. El papá   _____
 3. La dentista   _____
 4. Los atletas   _____
 5. Usted y yo   _____
 6. Las pianistas   _____
 7. Los maestros   _____
 8. El dentista   _____
 9. El estudiante   _____
 10. La estudiante   _____

10C. Aprendamos algunos verbos en infinitivo.
 Let's learn some verbs in infinitive.

Verbos terminados en _ ar		Verbos terminados en _ er		Verbos terminados en _ ir	
1. tomar	to drink	6. aprender	to learn	11. abrir	to open
2. escuchar	to listen	7. ver	to see	12. repetir	to repeat
3. estudiar	to study	8. leer	to read	13. escribir	to write
4. hablar	to talk	9. comer	to eat	14. vivir	to live
5. trabajar	to work	10. entender	to understand	15. imprimir	to print

Conjugaciones en presente de indicativo
Conjugations in present indicative

10D. Ahora estamos listos para comparar estos tres tipos de verbos.
Now we are ready to compare these three types of verbs.

	1. tomar to drink	2. escuchar to listen	3. estudiar to study	4. hablar to talk	5. trabajar to work
Yo	tomo	escucho	estudio	hablo	trabajo
Tú	tomas	escuchas	estudias	hablas	trabajas
Usted	toma	escucha	estudia	habla	trabaja
El	toma	escucha	estudia	habla	trabaja
Ella	toma	escucha	estudia	habla	trabaja
Nosotros-as	tomamos	escuchamos	estudiamos	hablamos	trabajamos
Ustedes	toman	escuchan	estudian	hablan	trabajan
Ellos-as	toman	escuchan	estudian	hablan	trabajan

	6. aprender to learn	7. ver to see	8. leer to read	9. comer to eat	10. entender to understand
Yo	aprendo	veo	leo	como	entiendo
Tú	aprendes	ves	lees	comes	entiendes
Usted	aprende	ve	lee	come	entiende
El	aprende	ve	lee	come	entiende
Ella	aprende	ve	lee	come	entiende
Nosotros-as	aprendemos	vemos	leemos	comemos	entendemos
Ustedes	aprenden	ven	leen	comen	entienden
Ellos-as	aprenden	ven	leen	comen	entienden

	11. abrir to open	12. repetir to repeat	13. escribir to write	14. vivir to live	15. imprimir to print
Yo	abro	repito	escribo	vivo	imprimo
Tú	abres	repites	escribes	vives	imprimes
Usted	abre	repite	escribe	vive	imprime
El	abre	repite	escribe	vive	imprime
Ella	abre	repite	escribe	vive	imprime
Nosotros-as	abrimos	repetimos	escribimos	vivimos	imprimimos
Ustedes	abren	repiten	escriben	viven	imprimen
Ellos-as	abren	repiten	escriben	viven	imprimen

10E. Use todos los pronombres personales y la forma correcta del verbo en cada afirmación.
Use all of the subject pronouns and the correct form of the verb in each statement.

Verbos con terminación –ar

1. _____ (tomar) café en las noches — to drink coffee in the evenings
2. _____ (escuchar) la radio todos los días — to listen to the radio everyday
3. _____ (estudiar) matemáticas los fines de semana — to study math on weekends
4. _____ (hablar) español con mis clientes — to speak Spanish with my customers
5. _____ (trabajar) de lunes a viernes — to work from Monday to Friday

Verbos con terminación –er

6. _____ (aprender) inglés en el Internet — to learn English through the Internet
7. _____ (ver) las noticias en las tardes — to watch the news in the afternoons
8. _____ (leer) el periódico en las mañanas — to read the newspaper in the mornings
9. _____ (comer) fruta después de comer — to eat fruit after dinner
10. _____ (entender) italiano — to understand Italian

Verbos con terminación –ir)

11. _____ (abrir) la correspondencia a medio día — to open the mail at noon
12. _____ (repetir) el vocabulario — to repeat the vocabulary
13. _____ (escribir) a Margarita cada mes — to write to Margarita every month
14. _____ (vivir) en Dallas — to live in Dallas
15. _____ (imprimir) facturas cada tercer día — to print invoices every other day

10F. Practique la conjugación del verbo irregular "ir" en presente de indicativo.
Practice the conjugation of the irregular verb 'to go' in present tense.

Yo voy (a)		I go (to)	
Tú vas (a)	(sing. - familiar)	You go (to)	
Usted va (a)	(sing. - formal)	You go (to)	
Él va (a)		He goes (to)	
Ella va (a)		She goes (to)	
Nosotros-as vamos (a)		We go (to)	
Ustedes van (a)	(plural)	You go (to)	
Ellos-as van (a)		They go (to)	

10G. Complete estos ejercicios con el verbo "ir".
Complete these exercises with the verb 'to go.'

Nota: La preposición "a" más el artículo definido "el" forman la contracción al.
Note: The preposition a (to) and the masculine definitive article el (the) form the contraction al.

Ejemplo: Yo/el cine cada mes
          Yo voy al cine cada mes

Example: I/the movies every month
          I go to the movies every month

1. Elvira/el supermercado en autobús — to the supermarket by bus
2. José Luis/el banco a pie — to the bank on foot
3. Aurora/el hospital en carro — to the hospital by car
4. los estudiantes/el museo cada año — to the museum every year
5. tú y Pedro/el parque de atracciones — to the amusement park

6. mi amigo Juan/a la escuela en bicicleta   to school by bicycle
7. Pedro y Alicia/a la playa cada semana   to the beach every weekend
8. usted/a la iglesia todos los domingos   to Church on Sundays
9. yo/a la discoteca con mis amigos   to the disco with my friends
10. ustedes/a la tienda de ropa cada mes   to the clothing store every month

10H. Practique la conjugación del verbo irregular "querer" en presente de indicativo.
Practice the conjugation of the irregular verb 'to want' in present tense.

Yo quiero		I want
Tú quieres	(sing.- familiar)	You want
Usted quiere	(sing.-formal)	You want
Él quiere		He wants
Ella quiere		She wants
Nosotros-as queremos		We want
Ustedes quieren	(plural)	You want
Ellos-as quieren		They want

10I. Complete estos ejercicios con el verbo "querer".
Complete these exercises with the verb 'to want.'

Ejemplo: Laura/pizza   Example: Laura/pizza
    Laura quiere pizza.   Laura wants pizza.

1. Sergio/cereal.   Sergio/cereal.
2. Los niños/leche.   The children/milk.
3. Yo/café.   I /coffee.
4. Sandra/pan tostado.   Sandra/toast.
5. Alberto y yo/fruta.   Albert and I/fruit.
6. Maribel y sus hijos/galletas.   Maribel and her sons/cookies.
7. Marisela/pollo.   Marisela/chicken.
8. Nosotros/huevos con jamón.   We/ham and eggs
9. Roberto y María/jugo de naranja.   Roberto and María/orange juice.
10. Victor/una hamburguesa.   Victor/a hamburger.

10J. Ahora junte el verbo "querer" y el verbo "ir" en infinitivo.
Now join the verb 'to want' and the verb 'to go' in infinitive form.

Ejemplo: Example:
Carlos/teatro   Carlos/theater

Carlos quiere ir al teatro.   Carlos wants to go to the theater.

1. Gloria/cine   movies
2. Mario y Rosa/playa   beach
3. Ricardo y tú/parque de atracciones   amusement park
4. Rafael/iglesia   Church
5. Ustedes/banco   bank

10K. Lea y cambie las siguientes oraciones a las formas interrogativa y negativa.
Read and change the following sentences to interrogative and negative forms.

Ejemplo:

Ximena y Paola toman el autobús a las 7:00 a.m.
¿Toman el autobús Ximena y Paola a las 7:00 a.m.?
Ximena y Paola no toman el autobús a las 7:00 a.m.

Nota: Cambie el adjetivo posesivo mi, mis por tu, tus en interrogativo.
Note: Change the possessive adjective 'my' with 'your' in interrogative form.

1. <u>Mi</u> niño toma jugo de naranja todos los días   everyday
2. Víctor escucha la radio en las mañanas.   in the morning
3. <u>Mis</u> hijas estudian en la universidad.   at the university
4. Juan y Rosa habla por teléfono casi todos los días.   almost every day
5. El pianista trabaja en las noches.   at night
6. Ella aprende muy rápido.   very fast
7. <u>Mis</u> hermanos ven la TV en <u>mi</u> recámara   in my bedroom
8. Rafael lee un libro cada mes.   each month
9. Gloria come con sus hijos en casa.   at home
10. Hilda entiende el idioma inglés.   English
11. La Sra. González abre la tienda a las 8:00 a.m.   at 8:00 a.m.
12. Ellos repiten el vocabulario después del maestro.   after the teacher
13. Luís escribe poemas.   poems
14. Ana y Eva viven en Houston
15. Carlos imprime su tarea en <u>mi</u> casa   his homework
16. Patricia y Roberto van al cine cada fin de mes.   each end of month
17. Fernando quiere pan tostado.   toast
18. <u>Mis</u> padres quieren ir a Miami el próximo año.   next year

Lección 11

Palabras Interrogativas
Interrogative Words

11A. Las palabras interrogativas comienzan una oración que pide información.
     The interrogative words begin a sentence that asks for information.

¿Quién?	Pregunta por personas	Who?
¿Qué?	Pregunta por cosas o una definición	What?
¿Dónde? ¿En dónde?	Pregunta por sitio o lugar	Where?
¿Cuándo?	Pregunta por la ocasión o fecha	When?
¿Por qué?	Pregunta por el motivo o la razón	Why?
¿Cuál?	Pregunta para escoger o seleccionar	Which?

11B. Complete las siguientes preguntas con las oraciones que se dan más adelante.
     Complete the following questions with the sentences given further on.

Ejemplo:

Víctor compra pan y leche en el supermercado cada semana.   (every week)
¿Quién _____?
¿Qué _____?
¿En dónde _____?
¿Cuándo _____?
¿Por qué _____?

¿Quién compra pan y leche en el supermercado cada semana?   (Víctor)
¿Qué compra Víctor en el supermercado cada semana?   (pan y leche)
¿En dónde compra Víctor pan y leche cada semana?   (en el supermercado)
¿Cuándo compra Víctor pan y leche en el supermercado?   (cada semana)
¿Por qué compra Víctor pan y leche en el supermercado cada semana? (porque es más barato)

1. Susana trabaja en una tienda de ropa.   clothing store

   ¿Quién _____ ?

   ¿Por qué _____ ?

2. Raúl quiere cereal.   cereal

   ¿Qué _____ ?

   ¿Quién _____ ?

3. Mi hermano estudia arquitectura <u>en</u> México.   architecture

   ¿<u>En</u> Dónde _____ ?

   ¿Quién? _____ ?

   ¿Qué _____ ?

4. Rafael y Carmen quieren saber el nombre del restaurante.   to know the name

   ¿Qué _____ ?

5. Jorge come pollo casi todos los días.   almost every day

   ¿Por qué _____ ?

6. Mi papá vive en California   Dad

   ¿En dónde _____ ?

   ¿Quién _____ ?

7. Elena imprime su tarea en las mañanas.   in the mornings

   ¿Qué _____ ?

   ¿Cuándo_____ ?

8. Yo quiero la corbata azul.   blue tie

   ¿Cuál _____ ?

9. Mi hermano escribe todas las respuestas de español en clase.   answers

   ¿Quién _____ ?

   ¿<u>En</u> dónde _____ ?

10. Pablo trabaja con botas en el trabajo.   boots

   ¿Quién _____ ?

   ¿Por qué _____ ?

11C. Algunas palabras interrogativas pueden ser usadas conjuntamente con una preposición.
Some interrogative words can be used jointly with a preposition.

¿Quién?	One person	Who?
¿Quiénes?	More than one person	Who?
¿A quién (es)?		To whom?
¿Con quién (es)?		With whom?
¿De quién (es)?		Whose? Of whom?
¿Qué?		What?
¿Con qué?		What…with?
¿De qué?		What…about?
¿Para qué?		What for?
¿Dónde?		Where?
¿Adónde?		To where?
¿De dónde?		From where?
¿En dónde?		Where?
¿Hacia dónde?		Toward where?
¿Para dónde?		Toward where?
¿Cuándo?		When?
Desde adv		Since
¿Desde cuándo?		Since when?
¿Cuál (es)?		Which one (s)
¿Cuánto (a)?		How much?
¿Cuántos (as)?		How many?

11D. Aprenda a construir palabras interrogativas con preposición.
Learn to structure interrogative words with prepositions.

1. ¿A quién ves cada mes?
   A la doctora García.
   Yo veo a la Dra. García cada mes.
2. ¿Con quién vives?
   Con Roberto y Elizabeth.
   Yo vivo con Roberto y Elizabeth.
3. ¿De quién hablas?
   De Marisela?
   Yo hablo de Marisela.
4. ¿Con qué instrumento abres las latas?
   Con un abre latas manual.
   Yo las abro con un abre latas manual.
5. ¿De qué hablas?
   De las próximas Olimpiadas.
   Yo hablo de las próximas Olimpiadas.

6. ¿Para qué imprimes estos dibujos?

Para dárselos a los estudiantes.

Yo imprimo estos dibujos <u>para</u> dárselos a los estudiantes.

7. ¿Adónde vas?

A la escuela.

Yo voy <u>a</u> la escuela.

8. ¿De dónde vienes?

De la escuela.

Yo vengo <u>de</u> la escuela.

9. ¿En dónde estudias español.

En un colegio comunitario.

Yo estudio español <u>en</u> un colegio comunitario.

10. ¿Para dónde vas?

Para el norte. Hacia el norte.

Yo voy <u>para</u> el norte.

Yo voy <u>hacia</u> el norte

11. ¿Desde cuándo trabajas en esta compañía?

Desde el seis de enero.

Yo trabajo en esta compañía <u>desde</u> el seis de enero.

12. ¿Cuáles zapatos quieres?

Los negros.

Yo quiero los negros.

13. ¿Cuánto quieres por la computadora?

Quinientos (500) dólares.

Yo quiero quinientos dólares por la computadora.

14. ¿Cuántas revistas lees por mes?

Dos

Yo leo dos revistas por mes.

15. ¿Cuántos tacos comes por semana?

Diez

Yo como diez tacos por semana.

11E. Cambie las preguntas anteriores que se refieran a "ustedes" y contéstelas refiriéndose a nosotros.
Change the previous questions that refer to 'you' (plural) and answer them referring to 'us.'

Ejemplo número uno:

1. ¿A quién ves (tú) cada mes?

A la doctora García.

Yo veo <u>a</u> la Dra. García cada mes.

1. ¿A quién ven (ustedes) cada mes?

A la Dra. García.

Nosotros vemos <u>a</u> la Dra. García cada mes.

Lección 12

Las Estaciones del Año
The Seasons of the Year
El tiempo – The weather
Colores
Colors

12A. Aprenda las estaciones del año.
Learn the seasons of the year.

Las cuatro estaciones del año son: The four seasons of the year are:

primavera   spring
verano   summer
otoño   fall (autumn)
invierno   winter

¿Cómo está el tiempo?   What's the weather like?
        o
¿Cómo está el clima?

1. En la primavera hace buen tiempo   In the spring, there is fair weather.
2. En el verano hace mucho calor.   In the summer, it is very hot
3. En el otoño hace fresco.   In the fall, it is cool
4. En el invierno hace frío   In the winter, it is cold.

12B. Conteste con oraciones completas.
Answer in complete sentences.

1. ¿Cuándo comienza la primavera?   When does spring begin?

_____

2. ¿Cuándo comienza el verano?   When does summer begin?

_____

3. ¿Cuándo comienza el otoño?   When does fall begin?

_____

4. ¿Cuándo comienza el invierno?   When does winter begin?

_____

5. ¿Cuál es tu estación favorita?   Which is your favorite season?

_____

12C. El verbo hacer se usa impersonalmente con la condición meteorológica. Aprenda estas expresiones.
The verb 'to be' is used impersonally with the weather condition. Learn these expressions.

Presente	Pretérito	Futuro
1. Hace frío	Hizo frío ayer	Hará frío mañana
It's cold	It was cold yesterday	It will be cold tomorrow
2. Hace calor	Hizo calor el sábado	Hará calor el lunes
It's hot	It was hot on Saturday	It'll will be hot on Monday
3. Hace mucho viento	Hizo mucho viento	Hará mucho viento
It's very windy	It was very windy	It'll be very windy
4. Está nevando	Nevó anoche	Nevará esta noche
It's snowing	It snowed last night	It'll snow tonight
5. Está lloviendo	Llovió ayer	Lloverá esta tarde
It's raining	It rained yesterday	It'll rain this afternoon
6. Está nublado y lluvioso	Estuvo nublado y lluvioso	Estará nublado y lluvioso
It's cloudy and rainy	It was cloudy and rainy	It'll be cloudy and rainy

12D. Ahora aprenda los siguientes colores.
Now learn the following colors.

¿De qué color?   What color?

Rojo, roja, rojos, rojas   red
Blanco, blanca, blancos, blancas   white
Amarillo, amarilla, amarillos, amarillas   yellow
Anaranjado, anaranjada, anaranjados, anaranjadas   orange
Morado, morada, morados, moradas   purple
Negro, negra, negros, negras   black

Pero:

Verde, verdes   green
Café, cafés   brown
Rosa, rosas   pink
Azul, azules   blue
Gris, grises   gray or grey

12E. Los colores son adjetivos y por lo general van después del sustantivo en español.
Colors are adjectives and generally are placed after the noun in Spanish.

1. El carro rojo está en el estacionamiento   parking lot
2. La casa amarilla está enfrente del parque   park
3. Los gatos blancos son míos.   mine
4. Las sillas grises están en el garaje   garage
5. La pluma negra está en el cajón   drawer

12F. Escriba un color después de cada sustantivo.
   Write a color after each noun.

    1. Las rosas _____   roses

    2. Tus ojos _____   eyes

    3. Mis zapatos _____   shoes

    4. Las uvas _____   grapes

    5. El abrigo _____   coat

12G. Lea las siguientes frases con el verbo ser.
   Read the following phrases with the verb 'to be.'

    1. Los elefantes son grises.   Elephants are gray.

    2. El cielo es azul.   The sky is blue.

    3. Las cerezas son rojas.   Cherries are red.

    4. El césped (pasto) es verde.   Grass is green,

    5. Las naranjas son anaranjadas.   Oranges are orange,

    6. Los flamingos son rosas.   Flamingoes are pink.

    7. Las panteras son negras.   Panthers are black

    8. Los plátanos son amarillos   Bananas are yellow

12H. Conteste las siguientes preguntas.
   Answer the following questions.

    1. E1: ¿De qué color es tu carro?   car

      E2: _____

    2. E1: ¿De qué color son tus zapatos? shoes

      E2: _____

    3. E1: ¿De qué color es tu casa?   house

      E2: _____

    4. E1: ¿De qué color es el arco iris? rainbow

      E2: _____

12I. De más ejemplos usando los colores de su ropa u objetos que estén a su alrededor.
   Give more examples using the colors of your clothes or objects around you.

Ejemplo: Example:

Mi playera es gris.   My t-shirt is gray.

Lección 13

Verbo Gustar
To like
To be pleasing (to)
Pronombres de complemento indirecto
Indirect object pronouns

13A. Los pronombres de complemento indirecto generalmente se refieren a personas.
The indirect object pronouns generally refer to people.

	singular		plural
Yo	me	Nosotros-as	nos
Tú	te	Ustedes	les
Ud., Él, Ella	le	Ellos-as	les

13B. Aprenda el presente de indicativo del verbo "gustar".
Learn the present indicative of the verb 'to like.'

Me gusta - gustan	I like it/ them
Te gusta - gustan	You like it/ them
(a Ud.)	You like it/ them
Le gusta - gustan < (a él)	He likes it/ them
(a ella)	She likes it/ them
Nos gusta - gustan	We like it/ them
Les gusta - gustan (a Uds.)	You like it / them
Les gusta - gustan (a ellos-as)	They like it/ them

13C. Practique "me gusta(n)" o "no me gusta(n)" con sustantivos en singular o plural.
Practice 'I like it/them' or 'I do not like it/them' with singular or plural nouns.

Ejemplo: Example:
_____ la fruta   _____ fruit

E1. ¿Te gusta la fruta?   +   Do you like fruit?
E2.   Si, me gusta la fruta.   Yes, I like fruit.
          o   or
      No, no me gusta la fruta.   No, I do not like fruit.

1. _____ las manzanas rojas   red apples
2. _____ la piña   pineapple
3. _____ las peras   pears
4. _____ el plátano   banana
5. _____ las naranjas   oranges
6. _____ las uvas   grapes
7. _____ las toronjas   grapefruit

8. _____	el melón	cantaloupe
9. _____	los duraznos	peaches
10. _____	la sandía	watermelon
11. _____	las fresas	strawberries
12. _____	la papaya	papaya

13D. Aprenda la forma enfática del verbo "gustar".
     Learn the emphatic form of the verb 'to like.'

1. A mi me
2. A ti te
3. A usted le
4. A él le   gusta - gustan
5. A ella le
6. A nosotros- as nos
7. A ustedes les
8. A ellos-as les

13E. Lea y compare las siguientes oraciones.
     Read and compare the following sentences.

1. A mi me gusta la sopa de pollo.	chicken soup
2. A ti te gustan las papas.	potatoes
3. A usted le gusta el arroz.	rice
4. A Roberto le gusta el helado de vainilla.	vanilla ice cream
A él le gusta el helado de vainilla.	
5. A Rosa le gustan las galletas.	cookies
A ella le gustan las galletas.	
6. A Margarita y a mi nos gustan los postres	desserts
A nosotros nos gustan los postres.	
7. A ti y a tu hermano les gusta el pastel.	cake
A ustedes les gusta el pastel.	
8. A Juanita y Ana les gusta la mermelada de fresa.	strawberry jam
A ellas les gusta la mermelada de fresa.	

13F. Practique la forma enfática con algunos alimentos.
    Practice the emphatic form with food.

Ejemplo: _____ la barbacoa	Example: _____ barbecue
A mi me gusta la barbacoa.	I like barbecue.

1. _____	el pescado	fish
2. _____	el pollo	chicken
3. _____	la carne de res	beef
4. _____	la carne de puerco	pork
5. _____	el pavo	turkey
6. _____	el jamón	ham
7. _____	la pizza	pizza

44

8. _____ la hamburguesa	hamburger
9. _____ el tocino	bacon
10. _____ la ensalada	salad
11. _____ los frijoles	beans
12. _____ el arroz	rice

13G. Ahora anteponga nombres de personas más el verbo "gustar" sobre las líneas.
   Now write people's names on each line before the verb 'to like.'

   Ejemplo: _____ vivir cerca del río   near the river
            A Carlos y Rosa les gusta vivir cerca del río.

   1. _____ jugar balón cesto   basketball
   2. _____ ver la TV los fines de semana   TV on weekends
   3. _____ caminar en el parque   in the park
   4. _____ escuchar música   music
   5. _____ practicar español   Spanish
   6. _____ bailar en la discoteca   disco
   7. _____ ir a la playa   to the beach
   8. _____ nadar en el río   in the river
   9. _____ comer fruta   fruit
   10. _____ montar en bicicleta   bicycle

13H. Dos estudiantes participen en las siguientes preguntas y respuestas.
   Two students participate in each of the following questions and answers.

   1. E1: ¿Qué te gusta hacer los fines de semana?   to do on weekends

      E2: _____

   2. E1: ¿Qué te gusta desayunar?   have breakfast

      E2: _____

   3. E1: ¿Qué te gusta comer?   have dinner

      E2: _____

   4. E1: ¿Qué programa de TV te gusta ver?   TV program

      E2: _____

   5. E1: ¿Qué (clase de) música te gusta escuchar?   kind of music

      E2: _____

   6. E1: ¿Qué deportes te gusta practicar?   sport

      E2: _____

45

Lección 14

Verbo tener
Verb to have
Expresiones idiomáticas
Idiomatic Expressions

14A. Aprenda la conjugación del verbo "tener" en presente de indicativo.
Learn the conjugation of the verb 'to have' in present tense.

Yo tengo		I have
Tú tienes	(sing. - familiar)	You have
Usted tiene	(sing. - formal)	You have
Él tiene		He has
Ella tiene		She has
Nosotros-as tenemos		We have
Ustedes tienen	(plural)	You have
Ellos-as tienen		They have

14B. Memorice estas catorce expresiones idiomáticas, después anteponga "Yo tengo" a cada una de ellas.
Memorize these fourteen idiomatic expressions, then put 'I have' before each of them.

1. hambre	hungry		8. _25_ años	25 years old
2. sed	thirsty		9. mayoría de edad	over age
3. frío	cold		10. paciencia	patience
4. calor	hot		11. cuidado	careful
5. sueño	sleepy		12. pena	sorry
6. razón	right		13. miedo	afraid, scared
7. prisa	in a hurry		14. suerte	lucky

14C. Practique las catorce palabras anteriores como se muestra en el ejemplo.
Practice the fourteen previous words as shown in the example.

E1. ¿Tienes hambre?	S1. Are you hungry?
E2. Si, tengo hambre.	S2. Yes, I am hungry.
o	o
No, no tengo hambre.	No, I'm not.

14D. Lea las siguientes oraciones con el verbo tener.
Read the following sentences with the verb 'to have.'

1. Yo tengo dos gatos.	cats
2. Omar tiene el cabello rubio.	blond hair
3. Elsa tiene muchas flores en su jardín.	flowers in her garden
4. El Sr. González tiene un caballo.	horse
5. Juanita y Ricardo tienen dos hijos.	two sons

14E. Aprenda "tener que" más un infinitivo.
    Learn 'to have to' in addition to an infinitive.

    1. La dentista tiene que trabajar este sábado.   this Saturday
    2. Héctor y Elizabeth tienen que estudiar matemáticas.   study math
    3. Javier tiene que tomar el autobús a las 7:00 a.m.   the bus at 7:00 a.m.
    4. Alejandra y yo tenemos que ir a Miami.   to Miami
    5. Susana tiene que comer en un restaurante.   in a restaurant

14F. Ahora use la expresión "tener ganas de" más un infinitivo.
    Now use the expression 'to feel like' in addition to an infinitive.

    1. Angélica y Jorge tienen ganas de ir al teatro.   to the theater
    2. Yo tengo ganas de visitar a mis padres.   visit my parents
    3. Ellos tienen ganas de ver la televisión.   televisión
    4. Alfredo tiene ganas de nadar en el río.   swim in the river
    5. los estudiantes tiene ganas de tomar un descanso.   a break

14G. Ahora complete oraciones usando "tener", "tener que" y "tener ganas de".
    Now complete sentences using 'to have,' 'to have to,' and 'to feel like.'

    1. Yo tengo _____
       Yo tengo que _____
       Yo tengo ganas de _____

    2. María tiene _____
       María tiene que _____
       María tiene ganas de _____

    3. Ricardo y yo tenemos _____
       Ricardo y yo tenemos que _____
       Ricardo y yo tenemos ganas de _____

    4. El Sr. y la Sra. López tienen _____
       El Sr. y la Sra. López tienen que _____
       El Sr. y la Sra, López tienen ganas de _____

    5. Carlos tiene _____
       Carlos tiene que _____
       Carlos tiene ganas de _____

Lección 15

Partes del Cuerpo Humano
The Human Body

15A. Lea horizontalmente las siguientes palabras después del maestro.
   Read each of the following words horizontally after your teacher.

1. cabeza	la cabeza	head
2. frente	la frente	forehead
3. ojo (s)	el ojo, los ojos	eye (s)
4. nariz	la nariz	nose
5. mejilla (s)	la mejilla, las mejillas	cheek (s)
6. oreja (s)	la oreja, las orejas	ear (s) outer shell of the ear
7. oído (s)	el oído, los oídos	ear (s) the inner ear
8. cuello	el cuello	neck
9. hombro (s)	el hombro, los hombros	shoulder (s)
10. brazo (s)	el brazo, los brazos	arm (s)
11. antebrazo (s)	el antebrazo, los antebrazos	forearm (s)
12. codo (s)	el codo, los codos	elbow (s)
13. muñeca (s)	la muñeca, las muñecas	wrist
14. mano (s)	la mano, las manos	hand (s)
15. palma (s)	la palma, las palmas	palm (s)
16. dedo (s)	el dedo, los dedos	finger (s)
(Pulgar, índice, medio, anular, meñique)		
17. pecho	el pecho	chest
18. estómago	el estómago	stomach
19. abdomen	el abdomen	abdomen
20. espalda	la espalda	back
21. cintura	la cintura	waist
22. cadera	la cadera	hip
23. nalga (s)	la nalga, las nalgas	butt (s) buttock (s)
24. pierna (s)	la pierna, las piernas	leg (s)
25. rodilla (s)	la rodilla, las rodillas	knee (s)
26. pantorrilla (s)	la pantorrilla, las pantorrillas	calf, calves
27. tobillo (s)	el tobillo, los tobillos,	ankle (s)
28. talón (es)	el talón, los talones	heel (s)
29. pie (s)	el pie, los pies	foot, feet
30. planta (s) del pie	la planta del pie, las plantas de los pies	sole (s)
31. dedo del pie	el dedo del pie, los dedos de los pies	toe (s)

15B. Use los verbos 'tener' y 'doler' con partes el cuerpo humano.
　　　Use the verbs 'to have,' 'to hurt,' 'to ache,' and 'to pain' using human body parts.

　　　Ejemplo con el verbo tener:

　　　E1: ¿Qué tienes?　　　　　　　　　　　　　　　　S1. What's the matter?
　　　E2. Tengo dolor de cabeza.　　　　　　　　　　　S2. I have a headache.

　　　　(sing.)　　　　　　　　　(pl.)

　　　1. cuello　　　　　　　　　6. rodillas
　　　2. estómago　　　　　　　　7. piernas
　　　3. pecho　　　　　　　　　　8. muñecas
　　　4. espalda　　　　　　　　　9. brazos
　　　5. oído　　　　　　　　　　10. talones

15C. Use el pronombre de complemento indirecto "me" antes del verbo doler.
　　　Use the indirect object pronoun *me* before the verb 'to hurt.'

Ejemplo con el verbo doler.

E1: ¿Qué te pasa?　　　　　　　　　　　　　　　　S1: What's wrong with you?
E2: Me duele la cabeza.　　　　　　　　　　　　　　S2: My head hurts.
　　　　　　　　　　　　　　　　　　　　　　　　　　My head aches.

　　　　(sing.)　　　　　　　　　(pl.)

　　　1. espalda　　　　　　　　　6. piernas
　　　2. estómago　　　　　　　　7. brazos
　　　3. oído derecho　　　　　　　8. rodillas
　　　4. pierna izquierda　　　　　　9. hombros
　　　5. pie izquierdo　　　　　　10. talones

Tiempo Presente Progresivo
Present Progressive Tense

16A. Repase la conjugación del verbo estar.
Review the conjugation of the verb 'to be.'

Yo estoy		I am
Tú estás	(familiar – sing.)	You are
Ud. está	(formal – sing.)	You are
Él está		He is
Ella está		She is
Nosotros-as estamos		We are
Ustedes están	(plural)	You are
Ellos-as están		They are

16B. Aprenda los siguientes verbos en infinitivo y su gerundio con terminación _ando o _iendo.
Learn the following verbs in infinitive form and its gerund '-ing' ending.

Nota: A los verbos terminados en _ar, quite ar y aumente _ando. A los verbos terminados en _er o
_ir, quite ar, ir y aumente _iendo.
Note: With verbs ending in -ar remove ar and replace with -ando, and for ones ending in -er or -ir
remove er or ir and replace with -iendo.

Infinitivo	Gerundio	
1. tomar	tomando	drinking
2. escuchar	escuchando	listening
3. estudiar	estudiando	studying
4. hablar	hablando	speaking, talking
5. trabajar	trabajando	working
6. jugar	jugando	playing
7. enviar	enviando	sending, mailing
8. aprender	aprendiendo	learning
9. ver	viendo	watching, seeing
10. leer	* leyendo	reading
11. comer	comiendo	eating
12. envolver	envolviendo	wrapping
13. recoger	recogiendo	picking up
14. perder	perdiendo	losing
15. abrir	abriendo	opening
16. repetir	repitiendo	repeating
17. escribir	escribiendo	writing
18. imprimir	imprimiendo	printing
19. conducir	conduciendo	driving
20. decir	diciendo	telling, saying

16C. Ahora aprenda el presente progresivo con el verbo "estar" más un verbo en gerundio.
Now learn the present progressive tense with the verb 'to be' and a different verb in gerund form.

Siga el ejemplo: Follow the example:
1. _____ tomando café   1. _____ drinking coffee

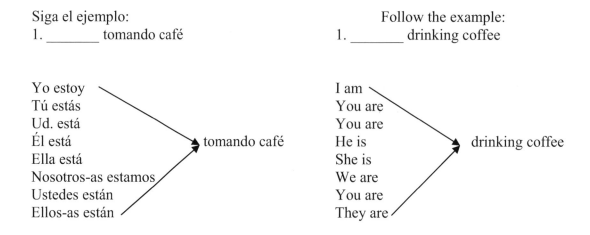

Yo estoy
Tú estás
Ud. está
Él está   tomando café
Ella está
Nosotros-as estamos
Ustedes están
Ellos-as están

I am
You are
You are
He is   drinking coffee
She is
We are
You are
They are

Nota: El presente progresivo se utiliza para describir una acción o evento que se está llevando a cabo en ese preciso momento.
Note: The present progressive tense is used to describe an action or event that is taking place at that precise moment.

16D. Diga la conjugación del verbo 'estar' y el gerundio en cada afirmación.
Say the conjugation of the verb 'to be' and the gerund form of each affirmation.

1. _____ (tomar) jugo de manzana   drinking apple juice
2. _____ (escuchar) la radio   listening to the radio
3. _____ (estudiar) álgebra   studying algebra
4. _____ (hablar) con Ricardo   talking to Ricardo
5. _____ (trabajar) en la oficina   working in the office
6. _____ (jugar) balón cesto   playing basketball
7. _____ (enviar) la correspondencia   sending the mail
8. _____ (aprender) español   learning Spanish
9. _____ (ver) la TV   watching TV
10. _____ (leer) una revista   reading a magazine
11. _____ (comer) fruta   eating fruit
12. _____ (envolver) un regalo   wrapping a gift
13. _____ (recoger) los papeles   picking up the papers
14. _____ (perder) dinero en este negocio   losing money in this business
15. _____ (abrir) estas cajas   opening these boxes
16. _____ (repetir) el vocabulario   repeating the vocabulary
17. _____ (escribir) una carta   writing a letter
18. _____ (imprimir) unas facturas   printing some invoices
19. _____ (conducir) un auto nuevo   driving a new car
20. _____ (decir) la verdad   telling the truth

16E. Memorice estos dos verbos reflexivos

1. Sentarse
2. Levantarse, ponerse de pie, pararse

Yo estoy sentado
Yo estoy levantado, de pie o parado

Memorize these two reflexive verbs

to sit down
to stand up

I am sitting.
I am standing.

16F. Construya las formas interrogativa y negativa con las siguientes palabras.
Structure the interrogative and negative forms with the following words.

Nota: Cambie el pronombre yo por tú y el adjetivo posesivo mi, mis por tu, tus en interrogativo.
Note: Change the pronoun 'I' with 'you' and the possessive adjective 'my' with 'your' in interrogative form.

Ejemplo:
yo/tomando jugo de manzana

E1: ¿Estás (tú) tomando jugo de manzana?
E2: No, yo no estoy tomando jugo de manzana.

Example:
I/drinking apple juice

Are you drinking apple juice?
No, I am not drinking apple juice.

2. Enrique/escuchando la radio
3. mi hermano/estudiando álgebra
4. Brian/hablando con Ricardo
5. la Sra. García/ trabajando en la oficina
6. mis primos/jugando balón cesto
7. la secretaria/enviando la correspondencia
8. los estudiantes/aprendiendo inglés
9. mis padres/viendo la TV
10. Marisela/leyendo una revista
11. yo/comiendo fruta
12. la niña/envolviendo un regalo
13. el niño/ recogiendo los papeles
14. el Sr. Álvarez /perdiendo dinero en este negocio
15. los empleados/abriendo estas cajas
16. los estudiantes/repitiendo el vocabulario
17. yo/escribiendo una carta
18. el gerente/imprimiendo unas facturas
19. Martin/conduciendo un auto nuevo
20. la testigo/diciendo la verdad

listening to the radio
studying algebra
talking to Ricardo
working in the office
playing basketball
sending the mail
learning English
watching TV
reading a magazine
eating fruit
wrapping a gift
picking up the papers
losing money in this business
opening these boxes
repeating the vocabulary
writing a letter
printing some invoices
driving a new car
telling the truth

16G. Formule preguntas con las palabras dadas a continuación.
Formulate questions with the words given below.

1. Pablo está aprendiendo inglés.

¿Qué _____?   (inglés)

¿Quién _____?   (Pablo)

2. Mireya está leyendo el periódico en la sala.

¿En dónde _____? (en la sala)

¿Por qué _____? (razón o motivo)

3. Marisela está hablando con Armando.

¿Quién _____? (Marisela)

¿Con quién _____? (con Armando)

4. Mi hermano está jugando fútbol con mi primo en el parque.

¿Quién _____? (mi hermano)

¿En dónde _____? (en el parque)

¿Con quién _____? (con mi primo)

5. Alicia y Lorena están comiendo pescado en un restaurante.

¿Qué _____? (pescado)

¿En dónde _____? (en un restaurante)

6. Felipe está trabajando tiempo extra.

¿Por qué_____? (razón o motivo)

7. María está viendo una telenovela.

¿En dónde _____? (lugar)

8. Estoy imprimiendo unos dibujos para mis estudiantes.

¿Qué _____? (unos dibujos)

¿Para quién _____? (para mis estudiantes)

9. Mi hermano está estudiando anatomía en su recámara.

¿Quién_____? (mi hermano)

¿Qué_____? (anatomía)

10. Mi sobrino está tomando leche fría.

¿Qué_____? (leche fría)

16H. Entre dos estudiantes, hagan y contesten la siguiente pregunta.
    Between two students, ask and answer the following question

    E1: ¿Qué estas haciendo ahorita?   S1: What are you doing right know?
    E2: _____   S2: _____

Lección 17

Antónimos
Antonym

17A. Los antónimos son palabras que expresan significado opuesto. Lea y practique cada uno de ellos.
The antonyms are words that express opposite meaning. Read and practice each of them.

1. alto – bajo		tall – short/high - low
2. ancho – angosto		wide – narrow
3. barato – caro		cheap – expensive
4. caliente – frío		hot – cold
5. cómodo – incómodo		comfortable – uncomfortable
6. delgado- gordo		thin – fat
7. difícil – fácil		difficult – easy
8. divertido – aburrido		entertaining – boring
9. duro – suave		hard – soft
10. feo – bonito		ugly – pretty
11. largo – corto		long – short
12. lento- rápido		slow – fast
13. limpio – sucio		clean – dirty
14. malo – bueno		bad – good, nice
15. nuevo- usado		new – used
16. pequeño – grande		little – big
17. rico – pobre		rich – poor
18. tímido – sociable		shy – sociable
19. tonto- inteligente		fool – intelligent
20. viejo – joven		old – young

Nota: Los adjetivos terminados en "o" son masculino; para formar el femenino use "a" en vez de o.
Note: Adjectives ending in -o are masculine; their feminine equivalents end in –a instead of -o.

17B. Compare las siguientes oraciones.
Compare the following sentences.

1. Alberto es alto y Elizabeth es alta también.
2. Tu jardín es bonito y tu casa es bonita también.   garden/house
3. El sillón es cómodo y la silla es cómoda también   armchair/chair
4. Mi carro es nuevo y mi computadora es nueva también.   car/computer
5. Manuel es rico y Sandra es rica también.
6. Tu hermano es tímido y Alma es tímida también.   brother
7. Manuel es delgado y Adriana es delgada también.
8. El Sr. Molina es divertido y su esposa es divertida también.   Mr. Molina/his wife
9. El refrigerador es usado y la estufa es usada también   refrigerator/stove
10. El comedor es pequeño y la sala es pequeña también.   dining room/living room

17C. Complete las siguientes oraciones usando antónimos.
Complete the following sentences using antonyms.

Ejemplo:
Roberto no es viejo.   Roberto es joven o
                                         Es joven

   1. El atleta no es alto   _____   athlete
   2. Esta calle no es ancha.   _____   street
   3. Mi reloj no es barato.   _____   watch
* 4. El agua no está caliente.   _____   water
   5. Este sillón no es cómodo.   _____   armchair
   6. Mi hermano no es delgado.   _____   brother
   7. Esta lección no es difícil.   _____   lesson
   8. Ese programa de TV no es divertido _____   TV program
   9. La papa no está dura.   _____   potato
 10. Margarita no es fea.   _____
 11. El viaje no es largo.   _____   trip
 12. El tren no es lento.   _____   train
 13. Este cuarto no está limpio.   _____   room
 14. El muchacho no es malo.   _____   boy
 15. Este carro no es nuevo.   _____   car
 16. Tu casa no es pequeña.   _____   house
 17. Ella no es rica.   _____
 18. Él no es tímido.   _____
 19. Adriana no es tonta.   _____
 20. Mi tío Alfredo no está viejo.   _____   uncle

17D. Conteste las siguientes preguntas.
Answer the following questions.

Ejemplo: Example:

E1: ¿Cómo es tu papá?   S1: How does your father look like?
E2: Es alto, gordo y muy bueno.   S2: He is tall, fat and very nice.

   1. E1: ¿Cómo es tu mamá?

     E2: _____

   2. E1: ¿Cómo es tu amigo (a)?

     E2: _____

   3. E1: ¿Cómo es tu casa?

     E2: _____

Lection 18

Adjetivos Demostrativos
Demonstrative Adjectives
Pronombres Posesivos
Possessive Pronouns

18A. Aprenda los siguientes adjetivos demostrativos.
Learn the following demonstrative adjectives.

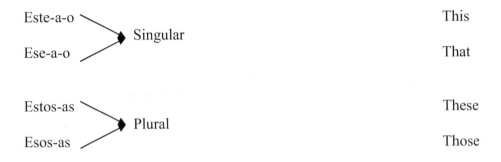

Este-a-o		This
	Singular	
Ese-a-o		That
Estos-as		These
	Plural	
Esos-as		Those

18B. Ahora aprenda los pronombres posesivos.
Now learn the possessive pronouns.

(Yo)	Mío-a-os-as		Mine
(Tú)	Tuyo-a-os-as	(familiar)	Yours
(Usted)	de Ud.	(formal)	Yours
(Él)	de él		His
(Ella) Suyo-a-os-as	de ella		Hers
(Ustedes)	de Uds.		Yours
(Ellos-as)	de ellos o ellas		Theirs
(Nosotros-as)	Nuestro-a-os-as		Ours

Nota: Un sustantivo determina el uso correcto del adjetivo demostrativo y del pronombre posesivo. Recuerde que un sustantivo puede ser singular o plural, masculino o femenino.

Note: The noun determines the correct use of the demonstrative adjective and the possessive pronoun. Remember, a noun can be singular or plural, masculine or feminine.

Ejemplo:
Libro es masculino y es singular así que podemos decir lo siguiente:
Book, in Spanish, is masculine and it is singular so it can be said that:

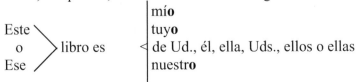

Este		mío
o	libro es	tuyo
Ese		de Ud., él, ella, Uds., ellos o ellas
		nuestro

Otro ejemplo:
Pluma es femenino y es singular así que podemos decir lo siguiente:
Pen, in Spanish, is feminine and it is singular so it can be said that:

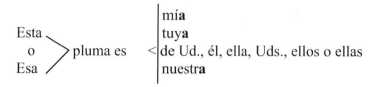

```
                        mía
Esta                    tuya
   o    > pluma es   <  de Ud., él, ella, Uds., ellos o ellas
Esa                     nuestra
```

Ahora usemos los dos ejemplos anteriores pero en plural.
Now, let's use the two previous examples but in plural form.

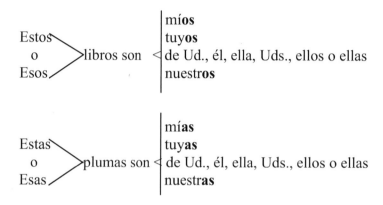

```
                         míos
Estos                    tuyos
    o   > libros son  <  de Ud., él, ella, Uds., ellos o ellas
Esos                     nuestros
```

```
                         mías
Estas                    tuyas
    o   > plumas son  <  de Ud., él, ella, Uds., ellos o ellas
Esas                     nuestras
```

18C. Ahora, anteponga un adjetivo demostrativo a cada sustantivo y al final use todos los pronombres posesivos.
Now, place a demonstrative adjective before each noun and use all of the possessive pronouns at the end.

Masculino (singular)	Femenino (singular)	
1. _____ carro es _____	6. _____ casa es _____	car/house
2. _____ lápiz es _____	7. _____ engrapadora es _____	pencil/stapler
3. _____ llavero es _____	8. _____ silla es _____	key chain/chair
4. _____ periódico es _____	9. _____ planta es _____	newspaper/plant
5. _____ teléfono es _____	10. _____ televisión es _____	phone/TV.

Masculino (plural)	Femenino (plural)	
11. _____ mapas son _____	16. _____ revistas son _____	maps/magazines
12. _____ zapatos son _____	17. _____ llaves son _____	shoes/keys
13. _____ marcadores son _____	18. _____ tijeras son _____	markers/scissors
14. _____ regalos son _____	19. _____ flores son _____	gifts /flowers
15. _____ relojes son _____	20. _____ fotografías son _____	watches/photos

18D. Ahora haga preguntas con las palabras interrogativas ¿De quién?, ¿De quiénes? y contéstelas usando pronombres posesivos.
Now formulate questions with the interrogative word Whose? and answer them using possessive pronouns.

| Ejemplo: | Example: |
| lámpara/tú | lamp/you |

E1: ¿De quién es esta lámpara?   Whose lamp is this?
E2: Es tuya.   It's yours.

uniformes/ellas   uniforms/they

E1: ¿De quiénes son estos uniformes?   Whose uniforms are these?
E2: Son de ellas.   It's theirs.

1. loción/yo	6. perfume/ella	lotion/perfume
2. cámara/ella	7. álbum de fotos/él	camera/photo book
3. tazas/nosotros	8. vaso/tú	cups/glass
4. cubiertos/él	9. platos/yo	silverware/dishes
5. hielera/ellos	10. lentes de sol/ella	cooler/sun glasses

18E. Ahora use nombres y pronombres posesivos como respuesta.
Now use names and possessive pronouns in the response.

| Ejemplo: | Example: |
| blusa/María   (sing.) | blouse/María |

E1: ¿De quién es esa blusa?   Whose blouse is that?
E2: Es de María.   It's María's.
    Es de ella.   It's hers.

gorras/mis empleados   (pl.)   caps/my employees

E1: ¿De quiénes son esas gorras?   Whose caps are those?
E2: Son de mis empleados   They're my employees'
    Son de ellos.   It's theirs.

1. suéter/Pedro	6. medias/Alejandra	sweater/stockings
2. vestidos/Andrea y Nancy	7. camisa roja/Arturo	dresses/red shirt
3. abrigo café/Juanita	8. traje negro/mi papá	brown coat/black suit
4. calcetines/mi hijo	9. chamarras/Alberto y Carlos	socks/jacket
5. falda morada/mi hija	10. zapatos/Enrique	purple skirt/shoes

Lección 19

Tiempo Pretérito
Preterit Tense
Imperfecto de Indicativo
The Imperfect Tense

19A. Aprenda más verbos en infinitivo.
   Learn more verbs in infinitive form.

Verbos terminados en _ar		Verbos terminados en _er		Verbos terminados en _ir	
1. retirar	to withdraw	6. leer	to read	11. traducir	to translate
2. trabajar	to work	7. comer	to eat	12. oír	to hear
3. tocar	to knock	8. creer	to think	13. adquirir	to acquire
4. comprar	to buy	9. aprender	to learn	14. corregir	to correct
5. aplazar	to postpone	10. conocer	to know	15. confundir	to confuse

19B. Ahora conjuguemos y comparemos estos verbos en pretérito.
   Now let's conjugate and compare these verbs in preterit tense.

	1. retirar to withdraw	2. trabajar to work	3. tocar to knock	4. comprar to buy	5. aplazar to postpone
Yo	retiré	trabajé	toqué	compré	aplacé
Tú	retiraste	trabajaste	tocaste	compraste	aplazaste
Ud.	retiró	trabajó	tocó	compró	aplazó
Él	retiró	trabajó	tocó	compró	aplazó
Ella	retiró	trabajó	tocó	compró	aplazó
Nosotros-as	retiramos	trabajamos	tocamos	compramos	aplazamos
Uds.	retiraron	trabajaron	tocaron	compraron	aplazaron
Ellos-as	retiraron	trabajaron	tocaron	compraron	aplazaron

	6. leer to read	7. comer to eat	8. creer to think	9. aprender to learn	10. conocer to know
Yo	leí	comí	creí	aprendí	conocí
Tú	leíste	comiste	creíste	aprendiste	conociste
Ud.	leyó	comió	creyó	aprendió	conoció
Él	leyó	comió	creyó	aprendió	conoció
Ella	leyó	comió	creyó	aprendió	conoció
Nosotros-as	leímos	comimos	creímos	aprendimos	conocimos
Uds.	leyeron	comieron	creyeron	aprendieron	conocieron
Ellos-as	leyeron	comieron	creyeron	aprendieron	conocieron

	11. traducir	12. oír	13. adquirir	14. corregir	15. confundir
	to translate	to hear	to acquire	to correct	to confuse
Yo	traduje	oí	adquirí	corregí	confundí
Tú	tradujiste	oíste	adquiriste	corregiste	confundiste
Ud.	tradujo	oyó	adquirió	corrigió	confundió
Él	tradujo	oyó	adquirió	corrigió	confundió
Ella	tradujo	oyó	adquirió	corrigió	confundió
Nosotros-as	tradujimos	oímos	adquirimos	corregimos	confundimos
Uds.	tradujeron	oyeron	adquirieron	corrigieron	confundieron
Ellos-as	tradujeron	oyeron	adquirieron	corrigieron	confundieron

19C. Anteponga 'yo' más la forma correcta del verbo en pretérito en cada línea.
Write 'I' along with the correct form of the verb in preterit tense for each line below.

(terminación _ ar)
1. _____ (retirar) quinientos dólares del banco   500 dollars from the bank
2. _____ (trabajar) el sábado pasado   last Saturday
3. _____ (tocar) la puerta varias veces   on the door several times
4. _____ (comprar) un poco de fruta   some fruit
5. _____ (aplazar) la operación   the surgery
(terminación _ er)
6. _____ (leer) el periódico en la mañana   the newspaper in the morning
7. _____ (comer) en casa de Adriana   dinner Adriana's house
8. _____ (creer) que él era Ricardo   that he was Ricardo
9. _____ (aprender) español en México   Spanish in Mexico
10. _____ (conocer) el museo de Antropología   the Anthropology Museum
(terminación _ ir)
11. _____ (traducir) algunos documentos anoche   some documents last night
12. _____ (oír) un ruido en la cocina   a noise in the kitchen
13. _____ (adquirir) un auto nuevo la semana pasada   a new car last week
14. _____ (corregir) mis notas   my notes
15. _____ (confundir) a esa persona por otra   that person

19D. Cambie la práctica anterior a las formas interrogativa y negativa.
Change the previous exercise to its interrogative and negative forms.

Nota: No olvide cambiar el pronombre yo por tú y el adjetivo posesivo mi, mis por tu, tus en
forma interrogativa.
Note: Don't forget to change the pronoun 'I' with 'you' and the possessive adjective 'my' with
'your' in interrogative form.

Ejemplo 1:
yo /retirar quinientos dólares del banco

E1: ¿Retiraste (tú) quinientos dólares del banco?
E2: No, yo no retiré quinientos dólares del banco.

2. el Sr. González/ trabajar el sábado pasado
3. tú/ tocar la puerta varias veces

4. mi mamá/comprar un poco de fruta

5. el doctor/ aplazar la operación

6. mi papá/ leer el periódico en la mañana

7. yo/ comer en casa de Adriana

8. Omar y Carmen/ creer que él era Ricardo

9. Karen/ aprender español en México

10. mis estudiantes/ conocer el museo de Antropología

11. Eric/ traducir <u>algunos</u> documentos anoche

12. Brian/ oír un ruido en la cocina

13. Oswaldo/ adquirir un auto nuevo la semana pasada

14. yo/ corregir mis notas

15. Rosemary/ confundir a esa persona por otra

19E. Aprenda los verbos "ir" y "ser" en pretérito.
Learn the verbs 'to go' and 'to be' in preterit tense.

	Verbo ir	Verbo ser
Yo	fui	fui
Tú	fuiste	fuiste
Ud.	fue	fue
Él	fue	fue
Ella	fue	fue
Nosotros-as	fuimos	fuimos
Uds.	fueron	fueron
Ellos-as	fueron	fueron

Nota: Como usted puede ver los verbos ir y ser son idénticos en pretérito y el significado se comprende dependiendo del contexto.

Note: As you can see the verbs 'to go' and 'to be' are identical in preterit and the meaning is understood depending on the context.

19F. Compare las siguientes oraciones y escriba en la línea si el verbo es ir o ser.
Compare the following sentences and write on the line if the verb is 'to go' or 'to be.'

1. Yo fui a New York el año pasado.   _____   last year
2. Mary fue voluntaria en la cruz roja.   _____   Red Cross
3. Mike y John fueron condecorados.   _____   decorated
4. Ana y yo fuimos al supermercado.   _____   supermarket
5. Melissa fue muy traviesa cuando niña   _____   mischievous

19G. Lea las siguientes oraciones y cámbielas a las formas interrogativa y negativa.
Read the following sentences and change them to interrogative and negative forms.

1. Ramón y José fueron al cine anoche.   to the movies last night
2. Alicia fue al supermercado el lunes.   supermarket on Monday
3. Mis hermanos fueron al parque.   to the park
4. Jesús fue a la casa de su hermana.   to his sister's house
5. <u>Yo</u> fui al teatro con <u>mi</u> novia.   to the theater with my girl friend

El Imperfecto

19H. El imperfecto describe acciones pasadas que ocurrían habitualmente.
The imperfect describes past actions that happened habitually.

Javier retiraba cien ($100.00) dólares del banco cada semana.   (acción habitual)
Javier withdrew one hundred dollars of the bank each week.   (habitual action)

El pretérito se usa para describir acciones o eventos que ocurrieron y fueron terminados en el pasado.
The preterit is used to describe actions or events that happened and were finished in the past.

Javier retiró mil ($1,000.00) dólares del banco ayer.   (acción específica)
Javier withdrew one thousand dollars of the bank yesterday.   (specific action)

19I. Aprenda la conjugación del imperfecto de indicativo. Observe las terminaciones aba, ía.
Learn the conjugation of the imperfect of indicative. Observe the endings -*aba*, -*ía*.

	Verbo terminado en _ar_	Verbo terminado en _er_	Verbo terminado en _ir_
	jugar (to play)	comer (to eat)	vivir (to live)
Yo	jugaba	comía	vivía
Tú	jugabas	comías	vivías
Ud.	jugaba	comía	vivía
Él	jugaba	comía	vivía
Ella	jugaba	comía	vivía
Nosotros-as	jugábamos	comíamos	vivíamos
Uds.	jugaban	comían	vivían
Ellos-as	jugaban	comían	vivían

19J. Lea las siguientes oraciones.
Read the following sentences.

1. José y Juan jugaban fútbol en esa cancha cada semana.
José and Juan played football in that court every week.

2. Elvira y Rosemary comían en este restaurante frecuentemente.
Elvira and Rosemary ate in this restaurant frequently.

3. Mi hermano vivía en ese complejo de apartamentos.
My brother lived in that complex of apartments.

19K. Construya oraciones en imperfecto de indicativo con la terminación aba o ía.
Formulate sentences in imperfect of indicative with an ending of -*aba* or -*ía*.

Ejemplo:
Pedro/trabajar/en esa tienda

Example:
Pedro/work/in that store

Pedro trabajaba en esa tienda.   Pedro worked in that store.

1. Guille/estudiar/enfermería en Dallas   to study

_____

2. yo/vivir/en esa casa   to live

_____

3. Jonathan/escribir/poemas   to write

_____

4. Pablo y Raymundo/tomar/mucha leche   to drink

_____

5. la Sra. González/lavar/su carro los sábados   to wash

_____

6. Ricardo/querer/boletos para el fútbol   to want

_____

7. yo/montar/a caballo   to ride

_____

8. Elvira y Margarita/correr/media milla todos los días   to run

_____

9. mi café/estar/frío   to be

_____

10. tú/leer/historias de drama   to read

_____

11. ellos/tener/un gato   to have

_____

12. Antonio/vender/ropa   to sell

_____

13. mi hermano/exportar/electrónica   to export

_____

14. mi esposa/practicar/inglés con Karen   to practice

_____

15. los niños/desayunar/a las 7:00 a.m.   to have breakfast

_____

19L. Comparemos los verbos ir y ser, como en el ejercicio 19E, pero ahora en imperfecto de indicativo. Let's compare the verbs 'to go' and 'to be' as in Exercise 19E, but now in imperfect of indicative.

	Verbo ir	Verbo ser
Yo	iba	era
Tú	ibas	eras
Ud.	iba	era
Él	iba	era
Ella	iba	era
Nosotros-as	íbamos	éramos
Uds.	iban	eran
Ellos-as	iban	eran

19M. Formule oraciones usando los verbos ir o ser en imperfecto.
   Formulate sentences using the verbs 'to go' or 'to be' in imperfect.

1. Yo recuerdo que Miguel/ser/soldado   soldier
2. mi mamá siempre/ir/a esa iglesia   Church
3. Gloria y Margarita/ir/de compras los fines de semana   shopping on weekends
4. Ariel y yo/ser/buenos amigos   good friends
5. En la escuela Nancy/ser/muy inteligente   very intelligent

19N. Construya preguntas usando palabras interrogativas.
   Formulate questions using interrogative words.

1. Susana retiró cien dólares del banco.   100 dollars

¿Cuánto _____ ? (cien dólares)

2. Pedro trabajó en el almacén la semana pasada.   warehouse

¿Quién _____ ? (Pedro)

¿Cuándo _____ ? (la semana pasada)

¿En dónde _____ ? (en el almacén)

¿Por qué _____ ? (razón o motivo)

3. Sofía tocó (a) la puerta a las seis de la mañana.   at 6:00 a.m.

¿A qué hora _____ ? (a las seis de la mañana)

4. Manuel compró un auto nuevo el mes pasado.   a new car

¿Qué _____ ? (un auto nuevo)

¿Cuándo _____ ? (el mes pasado)

5. El director aplazó la junta.   the meeting

¿Quién _____ ? (el director)

6. Fernando leyó el periódico hace unos minutos.   some minutes ago

¿Qué _____ ? (el periódico)

¿Cuánto tiempo hace que _____ ? (hace unos minutos)

7. Alejandra y yo comimos pescado en un restaurante.   fish

¿En dónde _____ ? (en un restaurante)

¿Qué _____? (pescado)

8. Mi hermano creyó que ella era Patricia.   that she was Patricia

¿Quién _____? (mi hermano)

9. Mis hermanas aprendieron inglés en Estados Unidos.   in the U.S.A.

¿En dónde _____? (en Estados Unidos)

10. Yo conocí a tu prima en una fiesta.   cousin in a party

¿A quién _____? (a tu prima)

11. Aurora tradujo varias canciones hace tres semanas.   some lyrics three weeks ago

¿Cuántas _____? (como seis)

¿Cuánto tiempo hace que _____? (hace tres semanas)

12. Alfredo oyó un ruido en la cocina.   a noise in the kitchen

¿En dónde _____? (en la cocina)

13. La Sra. Johnson adquirió un auto nuevo el mes pasado.   a new car

¿Qué _____? (un auto nuevo)

¿En dónde _____? (en Dallas)

¿Cuándo _____? (el mes pasado)

14. Miss García corrigió mi tarea en la mañana.   my homework

¿Quién _____? (Miss García)

¿A qué hora _____? (como a las ocho)

¿Por qué _____? (razón o motivo)

15. Eva confundió a ese señor con Alberto   that man

¿Quién _____? (Eva)

¿Con Quién _____? (con Alberto)

Lección 20

Pretérito y Pasado Progresivo
Preterit and Past Progressive

Verbo Estar
Verb To Be

20A. Lea las conjugaciones del verbo "estar" en pretérito y en imperfecto.
Read the conjugations of the verb 'to be' in preterit and in imperfect.

Pretérito Preterit	Imperfecto de Indicativo The imperfect	
Yo estuve	Yo estaba	I was
Tu estuviste (familiar)	Tu estabas	You were
Usted estuvo (formal)	Usted estaba	You were
Él estuvo	Él estaba	He was
Ella estuvo	Ella estaba	She was
Nosotros-as estuvimos	Nosotros-as estábamos	We were
Ustedes estuvieron (pl.)	Ustedes estaban	You were
Ellos-as estuvieron	Ellos-as estaban	They were

Nota: El pretérito expresa una acción que comenzó y terminó en periodo pasado. El imperfecto
se usa para expresar una acción que se repetía o continuaba.
Note: The preterit expresses an action that began and ended in the past. The imperfect is used
to express an action that was repeating or continuing.

20B. Aprenda estos verbos en infinitivo y su gerundio con terminación_ando o _iendo.
Learn these verbs in infinitive and its gerund with the ending '-ing'.

Infinitivo	Gerundio	
1. trabajar	trabajando	working
2. leer	leyendo	reading
3. platicar	platicando	talking
4. nadar	nadando	swimming
5. buscar	buscando	looking for
6. esperar	esperando	waiting for
7. caminar	caminando	walking
8. lavar	lavando	washing
9. descansar	descansando	resting
10. tocar	tocando	knocking
* 11. sentarse	sentado	sitting
12. jugar	jugando	playing
13. asistir	asistiendo	attending
14. reparar	reparando	fixing
15. grabar	grabando	burning

20C. Anteponga "Yo estuve" sobre las líneas para formar el pretérito progresivo.
Place "I was" on the lines to form the preterit progressive.

Pretérito

1. _____	trabajando hasta muy tarde	working 'till late
2. _____	leyendo un libro la semana pasada	reading a book last week
3. _____	platicando con Omar más de una hora	talking to Omar for more than an hr.
4. _____	nadando en el río el domingo pasado	swimming in the river last Sunday
5. _____	buscando trabajo hace dos semanas	looking for a job two weeks ago
6. _____	esperando a Elvira en el restaurante	waiting for Elvira at the restaurant
7. _____	caminando en el parque durante dos horas	walking in the park for two hours
8. _____	lavando el carro en la mañana	washing the car in the morning
9. _____	descansando el fin de semana	resting over the weekend
10. _____	tocando (a) la puerta varias veces.	knocking on the door several times
* 11. _____	sentado en esa silla, esperándote	sitting in that chair, waiting for you
12. _____	jugando con mi sobrina	playing with my niece
13. _____	asistiendo a la universidad el año pasado	attending the university last year
14. _____	reparando los frenos de mi carro	fixing the brakes on my car
15. _____	grabando un CD anoche	burning a CD last night

20D. Aprenda más verbos en gerundio.
Learn more verbs in gerund.

Infinitivo	Gerundio	
1. escribir	escribiendo	writing
2. preparar	preparando	preparing
3. escuchar	escuchando	listening to
4. comer	comiendo	eating
5. ver	viendo	watching
6. tomar	tomando (bebiendo)	drinking
7. hacer	haciendo	doing
8. organizar	organizando	organizing
9. hablar	hablando	talking
10. tomar	tomando	taking
11. pintar	pintando	painting
12. montar	montando	riding
13. practicar	practicando	practicing
14. podar	podando	mowing
15. limpiar	limpiando	cleaning

20E. Anteponga "Yo estaba" sobre las líneas para formar el pasado progresivo.
Place "I was" on the lines to form the past progressive.

Imperfecto.

E1: ¿Qué estabas haciendo?   S1: What were you doing?

1. _____ escribiendo a mis padres   writing to my parents
2. _____ preparando el desayuno   preparing breakfast
3. _____ escuchando la radio   listening to the radio
4. _____ comiendo un poco de fruta   eating some fruit
5. _____ viendo una película   watching a movie
6. _____ tomando (bebiendo) jugo de naranja   drinking orange juice
7. _____ haciendo mi tarea   doing my homework
8. _____ organizando los expedientes   organizing the files
9. _____ hablando por teléfono   talking on the phone
10. _____ tomando fotografías   taking pictures
11. _____ pintando un cuadro   painting a picture
12. _____ montando en bicicleta   riding a bicycle
13. _____ practicando mi español con Alicia   practicing my Spanish with Alicia
14. _____ podando el pasto   mowing the lawn
15. _____ limpiando la cocina   cleaning the kitchen

20F. Ahora formule preguntas del ejercicio 20C y contéstelas en forma afirmativa.
Now formulate questions from Exercise 20C and answer them in affirmative form.

Siga el ejemplo:

1. yo/trabajar/ hasta muy tarde

E1: ¿Estuviste (tú) trabajando hasta muy tarde?
E2: Si, (yo) estuve trabajando hasta muy tarde.

2. mis estudiantes/leer/ un libro la semana pasada
3. Jackie/platicar/con Omar más de una hora
4. tus amigos/nadar/en el río el domingo pasado
5. Oswaldo/buscar/trabajo hace dos semanas
6. el abogado/esperar/a Elvira en el restaurante
7. las muchachas/caminar/en el parque durante dos horas
8. Pedro/lavar/el carro en la mañana
9. el doctor Muñoz/descansar/el fin de semana
10. Barbara/tocar/a la puerta varias veces.
11. tu amiga/sentarse/en esa silla, esperándote
12. mi sobrino/jugar/con mi sobrina
13. mi hija/asistir/a la universidad el año pasado
14. el mecánico/reparar/ los frenos de mi carro
15. Omar/grabar/un CD anoche

20G. Ahora formule preguntas del ejercicio 20E y contéstelas en forma negativa.
Now formulate questions from Exercise 20E and answer them in negative form.

Siga el ejemplo:

1. Mi hermana/escribir/a mis padres

E1: ¿Estaba tu hermana escribiendo a tus padres?
E2: No, mi hermana no estaba escribiendo a mis padres.

  2. Laura/preparar/el desayuno
  3. Tu hermano/escuchar/la radio
  4. Los niños/comer/un poco de fruta
  5. Elvia y yo/ver/una película
  6. Los estudiantes/tomar/jugo de naranja
  7. Yo/hacer/ mi tarea
  8. La Sra. García/organizar/los expedientes
  9. Ana y Jorge/hablar/por teléfono
10. Manuel/tomar/fotografías
11. El Sr. Taylor/pintar/ un cuadro
12. Mi hijo/montar/en bicicleta
13. Yo/practicar/mi español con Alicia
14. El jardinero/podar/el pasto
15. Margarita/limpiar/la cocina

20H. Formule preguntas con las palabras interrogativas que se dan a continuación.
Formulate questions with the interrogative words that are given below.

1. Brian estuvo buscando sus llaves por más de quince minutos.

¿Quién _____ ?

¿Qué _____ ?

2. Diego estaba comiendo un sandwich.

¿En dónde _____ ?

¿Con Quién _____ ?

3. Lolita, Josefina y Patricia estaban viendo la tele. (tv)

¿Quiénes _____ ?

¿A qué hora _____ ?

4. Mireya estuvo <u>lavando los trastes</u> después de la fiesta.

¿Qué _____ haciendo _____ ?

Lección 21

Futuro Idiomático
(Ir a)
Idiomatic Future
(Going to)

21A. Aprenda la expresión "ir a" en la siguiente conjugación.
Learn the expression "going to" in the following conjugation.

Yo voy a	I am going to
Tú vas a	You are going to
Ud. va a	You are going to
Él va a	He is going to
Ella va a	She is going to
Nosotros-as vamos a	We are going to
Ustedes van a	You are going to
Ellos-as van a	They are going to

21B. Aprenda más verbos en infinitivo.
Learn more verbs in infinitive.

terminación _ar		terminación _er		terminación _ir	
1. estudiar	to study	6. vender	to sell	11. traducir	to translate
2. lavar	to wash	7. leer	to read	12. ir	to go
3. nadar	to swim	8. ver	to see	13. venir	to come
4. preparar	to fix	9. sorprender	to surprise	14. subir	to climb
5. llegar	to get	10. obtener	to obtain	15. servir	to serve

21C. Ahora anteponga "Yo voy a" a los siguientes complementos para formar el futuro idiomático.
Now, place "I am going to" in front of the following complements to form the idiomatic future.

1. _____	estudiar español el próximo semestre	next semester
2. _____	lavar mi carro este viernes	my car this Friday
3. _____	nadar este sábado y domingo	Saturday and Sunday
4. _____	preparar la cena a las 8:00 p.m.	dinner at 8:00 p.m.
5. _____	llegar a casa temprano	home early
6. _____	vender mi casa el próximo mes	house next month
7. _____	leer ese libro la próxima semana	that book next week
8. _____	ver una película esta tarde	movie this afternoon
9. _____	sorprender a mis abuelos esta noche	my grandparents tonight
10. _____	obtener un nuevo puesto en la compañía	a new position in the company
11. _____	traducir esa canción más tarde	those lyrics later
12. _____	ir a Canadá en dos semanas	to Canada in two weeks
13. _____	venir mañana a las 11:00 a.m.	tomorrow at 11:00 a.m.
14. _____	subir esa montaña en dos semanas	that mountain in two weeks

15. _____ servir el desayuno en diez minutos   breakfast in ten minutes

21D. Ahora practique las formas afirmativa, interrogativa y negativa.
     Now practice the affirmative, interrogative, and negative forms.

     Nota: No olvide cambiar yo por tú y mi, mis por tu, tus en interrogativo.
     Note: Don't forget to change 'I' with 'you' and 'my' with 'your' (sing., pl.) in interrogative.

     Ejemplo # 1

     Yo/estudiar español el próximo semestre

     E1: (Yo) voy a estudiar español el próximo semestre.
     E2: ¿Vas (tú) a estudiar español el próximo semestre?
     E3: (Yo) no voy a estudiar español el próximo semestre.

        2. mi hijo/lavar mi carro este viernes
        3. Carmen y Rocío/nadar este sábado y domingo
        4. mi hermana/ preparar la cena esta noche
        5. mi papá/llegar a casa temprano
        6. yo/vender mi casa el próximo mes
        7. la Sra. López/leer ese libro la próxima semana
        8. mis hermanos/ver una película esta tarde
        9. nosotros/sorprender a mis abuelos esta noche
       10. Brian/obtener un nuevo puesto en la compañía
       11. mi maestro/traducir esa canción más tarde
       12. Omar y su amiga/ir a Canadá en dos semanas
       13. mi vecina/venir mañana a las 11:00 a.m.
       14. ellos/subir esa montaña en dos semanas
       15. yo/servir el desayuno en diez minutos

21E. Haga la pregunta que se da en el ejemplo usando diferentes días de la semana, y cambie nombres a
     pronombres en la respuesta.
     Ask the following question given in the example using different days of the week changing names to
     subject pronouns in the answer.

     Ejemplo: Example:
     Carlos/pintar su apartamento   Carlos/paint his apartment

     E1: ¿Qué va a hacer Carlos este <u>sábado</u>?   What is Carlos going to do this Sat?
     E2: <u>Él</u> va a pintar su apartamento.   He is going to paint his apartment.

        1. el profesor Ramírez/comprar una enciclopedia   encyclopedia
        2. Elizabeth/ver una película de estreno   a new release
        3. los estudiantes/estudiar para el examen   for their test
        4. Betty/trabajar en la oficina   in the office
        5. Oswaldo y Omar /jugar balón cesto   basketball
        6. Tú y tu hermano/nadar en el río   in the river
        7. el radiólogo/tomar varias radiografías   some X-Rays
        8. las enfermeras/tener una junta   a meeting
        9. Guille/ir de compras   go shopping

76

10. Ana/celebrar su cumpleaños   celebrate her birthday

21F. Conteste las siguientes preguntas.
      Answer the following questions.

1. ¿Qué vas a hacer este fin de semana?   to do

_____

2. ¿En dónde vas a celebrar tu cumpleaños?   to celebrate

_____

3. ¿A qué hora vas a desayunar mañana?   to have breakfast

_____

4. ¿Vas a estudiar esta noche?   to study

_____

5. ¿Adónde vas a ir el próximo verano?   to go

_____

6. ¿Cuándo vas a terminar este curso?   to finish

_____

7. ¿Con quién vas a practicar tu español?   to practice

_____

8. ¿Quién va a preparar el almuerzo?   to make, to prepare

_____

Lección 22

Pronombres Reflexivos y
Verbos Reflexivos
Reflexive Pronouns and
Reflexive Verbs

22A. Aprenda los pronombres reflexivos.
Learn the reflexive pronouns.

Yo me	I myself
Tú te	You yourself
Usted se	You yourself
Él se	He himself
Ella se	She herself
Nosotros-as nos	We ourselves
Ustedes se	You yourselves
Ellos-as se	They themselves

22B. Ahora aprenda algunos verbos reflexivos.
Now learn some reflexive verbs.

1. acordarse	to remember		11. levantarse	to get up, to rise
2. acostarse	to go to bed, to lie down		12. llamarse	to be called
3. bañarse	to bathe oneself		13. pararse	to stand up
4. cepillarse	to brush oneself		14. peinarse	to comb
5. despertarse	to wake up oneself		15. ponerse	to wear
6. divertirse	to have a good time		16. quedarse	to stay
7. dormirse	to fall asleep		17. quitarse	to take off
8. irse	to go away, to leave		18. secarse	to dry oneself
9. lastimarse	to hurt oneself		19. sentarse	to sit down
10. lavarse	to wash oneself		20. vestirse	to dress oneself

Nota: Un verbo reflexivo siempre tiene el pronombre "se" unido al infinitivo y se usa cuando el
sujeto y el complemento son el mismo.
Note: A reflexive verb always has the pronoun *se* attached to the infinitive and is used when
the subject and the object are the same.

Ejemplo: Example:

Yo	me	visto		I	dress	myself
Sujeto	complemento	verbo		subject	verb	object

22C. Cuando se conjuga un verbo reflexivo, se coloca después del pronombre reflexivo como sigue.
When you conjugate a reflexive verb, it's placed after the reflexive pronoun as follows.

	1. acordarse	2. acostarse	3. bañarse	4. cepillarse	5.despertarse
Yo me	acuerdo	acuesto	baño	cepillo	despierto
Tú te	acuerdas	acuestas	bañas	cepillas	despiertas
Usted se	acuerda	acuesta	baña	cepilla	despierta
Él se	acuerda	acuesta	baña	cepilla	despierta
Ella se	acuerda	acuesta	baña	cepilla	despierta
Nosotros-as nos	acordamos	acostamos	bañamos	cepillamos	despertamos
Ustedes se	acuerdan	acuestan	bañan	cepillan	despiertan
Ellos-as se	acuerdan	acuestan	bañan	cepillan	despiertan

	6. divertirse	7. dormirse	8. irse	9. lastimarse	10. lavarse
Yo me	divierto	duermo	voy	lastimo	lavo
Tú te	diviertes	duermes	vas	lastimas	lavas
Usted se	divierte	duerme	va	lastima	lava
Él se	divierte	duerme	va	lastima	lava
Ella se	divierte	duerme	va	lastima	lava
Nosotros-as nos	divertimos	dormimos	vamos	lastimamos	lavamos
Ustedes se	divierten	duermen	van	lastiman	lavan
Ellos-as se	divierten	duermen	van	lastiman	lavan

	11. levantarse	12. llamarse	13. pararse	14. peinarse	15. ponerse
Yo me	levanto	llamo	paro	peino	pongo
Tú te	levantas	llamas	paras	peinas	pones
Usted se	levanta	llama	para	peina	pone
Él se	levanta	llama	para	peina	pone
Ella se	levanta	llama	para	peina	pone
Nosotros-as nos	levantamos	llamamos	paramos	peinamos	ponemos
Ustedes se	levantan	llaman	paran	peinan	ponen
Ellos-as se	levantan	llaman	paran	peinan	ponen

	16. quedarse	17. quitarse	18. secarse	19. sentarse	20. vestirse
Yo me	quedo	quito	seco	siento	visto
Tú te	quedas	quitas	secas	sientas	vistes
Usted se	queda	quita	seca	sienta	viste
Él se	queda	quita	seca	sienta	viste
Ella se	queda	quita	seca	sienta	viste
Nosotros-as nos	quedamos	quitamos	secamos	sentamos	vestimos
Ustedes se	quedan	quitan	secan	sientan	visten
Ellos-as se	quedan	quitan	secan	sientan	visten

Lea las siguientes oraciones usando los veinte verbos anteriores.
  Read the following sentences using the twenty previous verbs.

1. Yo me acuerdo de sus (de Uds.) nombres fácilmente.	names easily
2. Mis hijos se acuestan tarde los sábados.	on Saturdays
3. Manuel y yo nos bañamos con agua tibia.	lukewarm water
4. Ellos se cepillan los dientes dos veces al día	twice a day
5. Carlos y Sharon se despiertan tarde los domingos	on Sundays
6. Los estudiantes se divierten en clase.	in class
7. Nosotros nos dormimos tarde todos los días.	everyday
8. Omar se va al trabajo en autobús.	by bus
9. Tú siempre te lastimas el tobillo jugando fútbol.	soccer
10. Él siempre se lava las manos antes de comer.	before eating
11. Yo me levanto a las 6:00 a.m. de lunes a viernes.	from Monday to Friday
12. Mi hija se llama Araceli.	name is…
13. Ellas se paran en esa fila para comprar su almuerzo.	their lunch
14. Juan se peina antes de entrar a la escuela.	school
15. Tú te pones el uniforme azul los martes ¿Verdad?	Don't you?
16. Mis amigos se quedan en un hotel cuando van a Miami.	when they go. . .
17. Ustedes se quitan los zapatos para entrar a su casa.	your house
18. Carmen se seca el cabello después de bañar**se**.	taking a bathe
19. Armando y Marisela siempre se sientan juntos.	together
20. Elizabeth casi siempre se viste en el baño.	bathroom

22E. Ahora cambie las oraciones anteriores a las formas interrogativa y negativa.
  Now change the previous sentences to the interrogative and negative forms.

Siga el ejemplo:

E1: Yo me acuerdo de sus (de Uds.) nombres fácilmente.
E2. ¿Te acuerdas (tú) de sus nombres fácilmente?
E3: No, yo no me acuerdo de sus nombres fácilmente.

Nota: Cambie los adverbios siempre y casi siempre por nunca en forma negativa.
Note: Change the adverbs 'always' and 'almost always' to 'never' in negative form.

2. Mis hijos se acuestan tarde los sábados.
3. Manuel y yo nos bañamos con agua tibia.
4. Ellos se cepillan los dientes dos veces al día
5. Carlos y Sharon se despiertan tarde los domingos.
6. Los estudiantes se divierten en clase.
7. Nosotros nos dormimos tarde todos los días.
8. Omar se va al trabajo en autobús.
9. Tú <u>siempre</u> te lastimas el tobillo jugando fútbol.
10. Él <u>siempre</u> se lava las manos antes de comer.
11. Yo me levanto a las 6:00 a.m. de lunes a viernes.
12. Mi hija se llama Araceli.
13. Ellas se paran en esa fila para comprar su almuerzo.
14. Juan se peina antes de entrar a la escuela.
15. Tú te pones el uniforme azul los martes ¿Verdad?

16. Mis amigos se quedan en un hotel cuando van a Miami.
17. Ustedes se quitan los zapatos para entrar a su casa.
18. Carmen se seca el cabello después de bañar**se**.
19. Armando y Marisela <u>siempre</u> se sientan juntos.
20. Elizabeth <u>casi siempre</u> se viste en el baño.

22F. Llene los espacios con la forma correcta del verbo.
Fill the spaces with the correct form of the verb.

1. Tú nunca _____ (sentarse) junto a Mario.
2. Elvira y Ricardo siempre _____ (acostarse) tarde.
3. Fernando y yo _____ (levantarse) a las 6:30 a.m. los lunes.
4. Él _____ (llamarse) Carlos.
5. Yo _____ (divertirse) viendo caricaturas.
6. Tú siempre _____ (acordarse) de mi cumpleaños.
7. Mi mamá casi siempre _____ (quedarse) en casa los domingos.
8. Los muchachos _____ (irse) caminando a la escuela todos los días.
9. Yo siempre _____ (cepillarse) los dientes antes de acostarme.
10. Gloria rara vez _____ (ponerse) botas.

22G. Los pronombres reflexivos siempre van pegados al final del verbo cuando expresamos órdenes afirmativas y van antes del verbo con órdenes negativas.
The reflexive pronouns are always attached to the end of the verb when we express affirmative orders and they go before the verb with negative orders.

	Vestirse to dress oneself	
	Orden o mandato afirmativo Order or affirmative command	Orden o mandato negativo Order or negative command
Tú	Vístete	No te vistas
Usted	Vístase	No se vista
Ustedes	Vístanse	No se vistan

22H. Ahora cambie los siguientes verbos reflexivos a mandatos <u>a</u>firmativo y <u>n</u>egativo.
Now change the following reflexive verbs to <u>a</u>ffirmative and <u>n</u>egative commands.

		Tú	Usted	Ustedes
1. acostarse	a.	_____	_____	_____
	n.	_____	_____	_____
2. levantarse	a.	_____	_____	_____
	n.	_____	_____	_____
3. pararse	a.	_____	_____	_____
	n.	_____	_____	_____
4. quedarse	a.	_____	_____	_____
	n.	_____	_____	_____
5. sentarse	a.	_____	_____	_____
	n.	_____	_____	_____

Lección 23

Modo Imperativo
Imperative Mood

23A. Lea horizontalmente las órdenes afirmativas y negativas de los tres grupos diferentes.
Read the affirmative and negative commands horizontally for the three different groups.

Nota: El modo imperativo expresa orden individual y colectiva.
Note: The imperative mood expresses individual and collective command.

Tú
Familiar

Infinitivo Infinitive	Orden afirmativa Affirmative command	Orden negativa Negative command
1. hablar to speak	Habla en voz baja Speak softly	No hables en voz alta Do not speak loudly
2. leer to read	Lee este libro Read this book	No leas esa revista Do not read that magazine
3. escribir to write	Escribe una nota Write a note	No escribas una carta Do not write a letter
4. caminar to walk	Camina rápido Walk fast	No camines despacio Do not walk slowly
5. comprar to buy	Compra los zapatos Buy the shoes	No compres las botas Do not buy the boots
6. ir to go	Ve al hotel Go to the hotel	No vayas a la oficina Do not go to the office
7. decir to tell	Di la verdad Tell the truth	No digas mentiras Do not tell a lie
8. abrir to open	Abre el cajón de abajo Open the bottom drawer	No abras el cajón de arriba Do not open the top drawer
9. cerrar to close	Cierra las ventanas Close the windows	No cierres la puerta Do not close the door
10. poner to put	Ponlo en la mesa Put it on the table	No lo pongas en la silla Do not put it on the chair
11. llegar to arrive	Llega temprano Arrive early	No llegues tarde Do not arrive late
12. venir to come	Ven el lunes Come on Monday	No vengas el martes Do not come on Tuesday
13. hacer to do	Hazlo en la mañana Do it in the morning	No lo hagas en la tarde Do not do it in the afternoon
* 14. sentarse to sit down	Siéntate allí Sit over there	No te sientes aquí Do not sit over here
* 15. pararse to stand up	Párate junto a mi Stand close to me	No te pares allá Do not stand over there

Usted
Formal

Infinitivo	Orden afirmativa	Orden negativa
1. hablar	Hable en voz baja	No hable en voz alta
2. leer	Lea este libro	No lea esa revista
3. escribir	Escriba una nota	No escriba una carta
4. caminar	Camine rápido	No camine despacio
5. comprar	Compre los zapatos	No compre las botas
6. ir	Vaya al hotel	No vaya a la oficina
7. decir	Diga la verdad	No diga mentiras
8. abrir	Abra el cajón de abajo	No abra el cajón de arriba
9. cerrar	Cierre las ventanas	No cierre la puerta
10. poner	Póngalo en la mesa	No lo ponga en la silla
11. llegar	Llegue temprano	No llegue tarde
12. venir	Venga el lunes	No venga el martes
13. hacer	Hágalo en la mañana	No lo haga en la tarde
* 14. sentarse	Siéntese allí	No se siente aquí
* 15. pararse	Párese junto a mi	No se pare allá

Ustedes
Plural

Infinitivo	Orden afirmativa	Orden negativa
1. hablar	Hablen en voz baja	No hablen en voz alta
2. leer	Lean este libro	No lean esa revista
3. escribir	Escriban una nota	No escriban una carta
4. caminar	Caminen rápido	No caminen despacio
5. comprar	Compren los zapatos	No compren las botas
6. ir	Vayan al hotel	No vayan a la oficina
7. decir	Digan la verdad	No digan mentiras
8. abrir	Abran el cajón de abajo	No abran el cajón de arriba
9. cerrar	Cierren las ventanas	No cierren la puerta
10. poner	Pónganlo en la mesa	No lo pongan en la silla
11. llegar	Lleguen temprano	No lleguen tarde
12. venir	Vengan el lunes	No vengan el martes
13. hacer	Háganlo en la mañana	No lo hagan en la tarde
* 14. sentarse	Siéntense allí	No se sienten aquí
* 15. pararse	Párense junto a mi	No se paren allá

23B. Cambie todas las órdenes afirmativas y negativas como se muestra en el ejemplo, excepto el número siete.

Change all the affirmative and negative commands that are shown in the example, except number seven.

Ejemplo # 1:
Habla en voz baja, no hables en voz alta.
Habla en voz alta, no hables en voz baja.

23C. Formule órdenes afirmativas y negativas.
   Formulate affirmative and negative commands.

   Siga el ejemplo:

	Tú	Usted	Ustedes
Leer el periódico	Lee el periódico No leas el periódico	Lea el periódico No lea el periódico	Lean el periódico No lean el periódico
1. comprar fruta	_____	_____	_____
	_____	_____	_____
2. ir a Miami	_____	_____	_____
	_____	_____	_____
3. abrir las cajas	_____	_____	_____
	_____	_____	_____
4. hacer la tarea	_____	_____	_____
	_____	_____	_____
5. poner la mesa	_____	_____	_____
	_____	_____	_____
6. llegar a las 7:00	_____	_____	_____
	_____	_____	_____
7. venir el sábado	_____	_____	_____
	_____	_____	_____
8. sentarse en el sillón	_____	_____	_____
	_____	_____	_____

23D. En el imperativo la persona que habla también se incluye para llevar a cabo la acción del verbo.
   In the imperative the person who speaks also is included to carry out the action of the verb.

   Nota: A los verbos terminados en ar, quitamos ar y ponemos _emos y los verbos terminados en
      er o ir, quitamos er, ir y ponemos _amos. También hay dos maneras para dar la orden.
   Note: To the verbs ending in -ar, remove ar and put -emos and the verbs ending in -er or -ir,
      remove er or ir and put -amos. There are also two ways to give the order.

	(1)	(2)	
1. hablar español	Hablemos español	Vamos a hablar español	Let's speak Spanish
2. caminar	Caminemos	Vamos a caminar	Let's walk
3. comprar la casa	Compremos la casa	Vamos a comprar la casa	Let's buy the house
4. entrar	Entremos	Vamos a entrar	Let's go in
5. vender el carro	Vendamos el carro	Vamos a vender el carro	Let's sell the car
6. traer las sillas	Traigamos las sillas	Vamos a traer las sillas	Let's bring the chairs
7. leer un cuento	Leamos un cuento	Vamos a leer un cuento	Let's read a story
8. escribir un poema	Escribamos un poema	Vamos a escribir un poema	Let's write a poem
9. partir el pastel	Partamos el pastel	Vamos a partir el pastel	Let's cut the cake
10. ir al parque	_____	Vamos al parque	Let's go to the park

23E. Complete los siguientes ejercicios incluyéndose usted en la acción del verbo.
Complete the following exercises including yourself in the action of the verb.

	(1)	(2)	
1. hablar inglés	_____	_____	English
2. comprar el carro	_____	_____	car
3. preparar la cena	_____	_____	dinner
* 4. sentarse aquí	_____	_____	here
5. comer fruta	_____	_____	fruit
6. traducir la canción	_____	_____	lyrics
7. dejar una nota	_____	_____	leave a note
8. cerrar las ventanas	_____	_____	windows
9. jugar balón cesto	_____	_____	basketball
10. abrir estas cajas	_____	_____	boxes
11. enviar los libros	_____	_____	books
12. ir al cine		_____	the movies

Lección 24

Tiempo Futuro
Simple Future Tense
Verbo Impersonal Haber
Impersonal verb Haber

24A. Aprenda más verbos en infinitivo.
Learn more verbs in infinitive.

Verbos terminados en _ar		Verbos terminados en _er		Verbos terminados en _ir	
1. estar	to be	6. hacer	to make	11. invertir	to invest
2. ganar	to win	7. poder	to be able to	12. ir	to go
3. llegar	to arrive	8. recoger	to pick up	13. elegir	to choose, to select
4. llegar a ser	to become	9. saber	to know	14. salir	to leave
5. visitar	to visit	10. volver	to come back	15. venir	to come

24B. Ahora conjuguemos y comparemos estos verbos en tiempo futuro.
Now let's conjugate and compare these verbs in future tense.

	1. estar	2. ganar	3. llegar	4. llegar a ser	5. visitar
	to be	to win	to arrive	to become	to visit
Yo	estaré	ganaré	llegaré	llegaré a ser	visitaré
Tú	estarás	ganarás	llegarás	llegarás a ser	visitarás
Usted	estará	ganará	llegará	llegará a ser	visitará
Él	estará	ganará	llegará	llegará a ser	visitará
Ella	estará	ganará	llegará	llegará a ser	visitará
Nosotros-as	estaremos	ganaremos	llegaremos	llegaremos a ser	visitaremos
Ustedes	estarán	ganarán	llegarán	llegarán a ser	visitarán
Ellos-as	estarán	ganarán	llegarán	llegarán a se	visitarán

	6. hacer	7. poder	8. recoger	9. saber	10. volver
	to make	to be able to	to pick up	to know	to come back
Yo	haré	podré	recogeré	sabré	volveré
Tú	harás	podrás	recogerás	sabrás	volverás
Usted	hará	podrá	recogerá	sabrá	volverá
Él	hará	podrá	recogerá	sabrá	volverá
Ella	hará	podrá	recogerá	sabrá	volverá
Nosotros-as	haremos	podremos	recogeremos	sabremos	volveremos
Ustedes	harán	podrán	recogerán	sabrán	volverán
Ellos-as	harán	podrán	recogerán	sabrán	volverán

	11.invertir	12. ir	13. elegir	14. salir	15. venir
	to invest	to go	to choose	to leave	to come
Yo	invertiré	iré	elegiré	saldré	vendré
Tú	invertirás	irás	elegirás	saldrás	vendrás
Usted	invertirá	irá	elegirá	saldrá	vendrá
Él	Invertirá	irá	elegirá	saldrá	vendrá
Ella	invertirá	irá	elegirá	saldrá	vendrá
Nosotros-as	invertiremos	iremos	elegiremos	saldremos	vendremos
Ustedes	invertirán	irán	elegirán	saldrán	vendrán
Ellos-as	invertirán	irán	elegirán	saldrán	vendrán

24C. Anteponga "yo" más la forma correcta del verbo en futuro en cada número de abajo.
Place "I" before the correct form of the verb in future tense for each number below.

1. _____ (estar) en el parque a medio día		at noon
2. _____ (ganar) la medalla de oro		gold medal
3. _____ (llegar) pasado mañana		the day after tomorrow
4. _____ (llegar a ser) doctor en dos años más		two more years
5. _____ (visitar) a mis abuelos en Kansas la próxima semana		next week
6. _____ (hacer) un pastel esta tarde		this afternoon
7. _____ (poder) comprar esa casa en dos meses		two months
8. _____ (recoger) todas mis cosas de mi recámara		bedroom
9. _____ (saber) como llegar a ese domicilio		address
10. _____ (volver) este domingo por la tarde		in the afternoon
11. _____ (invertir) en fondos mutuos		mutual funds
12. _____ (ir) a México el próximo mes		next month
13. _____ (elegir) el diseño y color de los uniformes		style & color
14. _____ (salir) de casa mañana muy temprano		very early
15. _____ (venir) el lunes a las 10:00 en punto		o'clock

24D. Cambie el ejercicio anterior a las formas interrogativa y negativa.
Change the previous exercise to interrogative and negative forms.

Nota: No olvide cambiar el pronombre yo por tú y el adjetivo posesivo mi, mis por tu, tus en
forma interrogativa.
Note: Don't forget to change the pronoun 'I' with 'you' and the possessive adjective 'my' with
'your' (sing., pl.) in interrogative form.

Ejemplo 1:

Julio/estar en el parque a medio día

E1: ¿Estará Julio en el parque a medio día?
E2: No, Julio no estará en el parque a medio día.

2. David/ganar la medalla de oro
3. Estela y Raúl/llegar pasado mañana
4. Mi nieto/llegar a ser doctor en dos años más
5. Mi hermano/visitar a mis abuelos en Kansas la próxima semana
6. La Sra. Silva/hacer un pastel esta tarde
7. Mi hermana/poder comprar esa casa en dos meses
8. Yo/recoger todas mis cosas de mi recámara
9. Sebastián/saber como llegar a ese domicilio
10. Rocío/volver este domingo por la tarde
11. Armando y yo/invertir en fondos mutuos
12. Guille y Enrique/ir a México el próximo mes
13. Alicia y Esperanza/elegir el diseño y color de los uniformes
14. Héctor/salir de casa mañana muy temprano
15. El gerente/venir el lunes a las 10:00 en punto

24E. Formule preguntas usando palabras interrogativas.
   Formulate questions using interrogative words.

   1. Jonathan saldrá para New York la próxima semana.

   ¿Quién _____?

   ¿Cuándo _____?

   2. Margarita y Alfredo estarán reunidos en el centro comercial.

   ¿En dónde _____?

   ¿Cuánto tiempo _____?

   3. Rafael podrá hablar contigo este lunes.

   ¿Con quién _____?

   4. Alejandra y yo iremos a Europa el próximo mes.

   ¿A dónde _____?

   ¿Quiénes _____?

   5. Mañana podrás visitar a tu mamá en el hospital.

   ¿Cuándo _____?

   6. Oswaldo hará una casa para su perro

   ¿Por qué _____?

Verbo Impersonal Haber
Impersonal verb Haber

24F. El verbo impersonal "haber", indica la existencia de personas o cosas en un lugar en particular.
The impersonal verb 'to have' expresses the existence of people or objects in a particular location.

1. hay	presente	there is, there are
2. hubo	pretérito	there was, there were
3. había	imperfecto	there was, there were
4. habrá, habrán	futuro	there will be

24G. Lea las siguientes afirmaciones.
Read the following statements.

1. Hay varias muchachas jugando basketball en el gimnasio.	girls/gym
2. Hubo mucha gente en el estadio ayer.	people/stadium
3. Había muchas flores en la casa de Margarita.	flowers/house
4. Habrán muchos regalos para los niños en la fiesta.	presents/children

24H. Escriba el verbo haber como corresponda.
Write the verb 'to have' correspondingly.

Presente	1. _____	muchas revistas en el estante.	bookshelf
Imperfecto	2. _____	una pluma aquí.	pen
Presente	3. _____	una calculadora junto al diccionario	calculator
Pretérito	4. _____	varios voluntarios	volunteer
Pretérito	5. No _____	clase de matemáticas ayer	math
Futuro	6. _____	muchos dulces para los niños	candies
Pretérito	7. _____	un cambio para reunirnos mañana	to meet
Futuro	8. _____	muchos estudiantes el próximo año	students
Pretérito	9. _____	mucha nieve el invierno pasado	snow
Imperfecto	10. _____	varios libros en la mesa. ¿Quién se los llevó?	books

Lección 25

Tiempo Presente Perfecto
Present Perfect Tense

25A. Aprenda la conjugación del verbo haber en presente de indicativo.
Learn the conjugation of the auxiliary verb 'to have' in present indicative.

Yo he		I have
Tú has	(sing.-familiar)	You have
Usted ha	(sing.-formal)	You have
Él ha		He has
Ella ha		She has
Nosotros-as hemos		We have
Ustedes han		You have
Ellos-as han		They have

25B. También aprenda algunos verbos en participio pasado.
Also learn some verbs in past participle.

Infinitivo	Participio Pasado	Past Participle	Infinitivo	Participio Pasado	Past Participle
1. aprender	aprendido	learned	11. oír	oído	heard
2. comprar	comprado	bought	12. preparar	preparado	prepared
3. decidir	decidido	decided	13. recibir	recibido	received
4. dormir	dormido	slept	14. ser	sido	been
5. enseñar	enseñado	taught	15. tener	tenido	had
6. estar	estado	been	16. tocar	tocado	played
7. estudiar	estudiado	studied	17. trabajar	trabajado	worked
8. ir	ido	gone	18. vender	vendido	sold
9. jugar	jugado	played	19. venir	venido	come
10. leer	leído	read	20. vivir	vivido	lived

Nota: Para formar el participio de los verbos terminados en _ar, quite _ar y cámbielo por _ado y los verbos terminados en _er o _ir, cámbielos por _ido.

Note: To form the participle of the verbs ending in -ar, remove ar and replace it with –ado, and the verbs ending in -er or -ir, change them with -ido.

25C. Ahora aprenda la construcción del presente perfecto.
Now learn the structure of the present perfect.

Ejemplo: _____ aprendido mucho vocabulario en español

Example: _____ learned a lot of vocabulary in Spanish

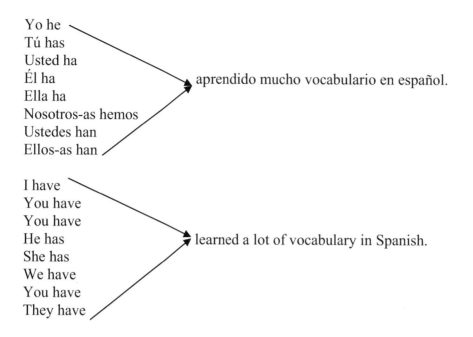

Yo he
Tú has
Usted ha
Él ha
Ella ha
Nosotros-as hemos
Ustedes han
Ellos-as han

aprendido mucho vocabulario en español.

I have
You have
You have
He has
She has
We have
You have
They have

learned a lot of vocabulary in Spanish.

25D. Lea las siguientes afirmaciones.
Read the following statements.

1. Yo he aprendido a conjugar el verbo haber en presente.
   I have learned to conjugate the auxiliary verb to have in present tense.
2. El Sr. García ha comprado dos autos nuevos este año.
   Mr. García has bought two new cars this year.
3. Elizabeth y su esposo han decidido mudarse a la ciudad.
   Elizabeth and her husband have decided to move to the city.
4. Alejandra ha dormido pocas horas.
   Alejandra has slept few hours.
5. El Sr. Johnson ha enseñado inglés durante cinco años.
   Mr. Johnson has taught English for five years.
6. Margarita ha estado muy triste últimamente.
   Margarita has been very sad lately.
7. Los estudiantes han estudiado para el examen.
   The students have studied for their test.
8. El Sr. González ha ido a Europa dos veces este año.
   Mr. González has gone to Europe twice this year.
9. Alicia y Javier han jugado tenis durante mucho tiempo.
   Alicia and Javier have played tennis for a long time.
10. El Sr. Turner ha leído varios libros en español.
    Mr. Turner has read several books in Spanish.
11. Inés ha oído esa historia antes.
    Inés has heard that story before.
12. Ella ha preparado una cena para sus amigas.
    She has prepared a supper for her friends.
13. Las mamás han recibido flores por el Día de las Madres.
    The moms have received flowers by the Mother's day.
14. Nosotros hemos sido muy buenos amigos.
    We have been very good friends.
15. Margarita ha tenido dos novios.
    Margarita has had two boy friends.

16. El pianista ha tocado maravillosamente.
    The pianist has played wonderfully.
17. Karen ha trabajado en esta compañía por más de un año.
    Karen has worked in this company for more than one year.
18. Roberto ha vendido tres automóviles este mes.
    Roberto has sold three cars this month.
19. Ellos han venido a visitarme al hospital dos veces esta semana.
    They have come to visit me to the hospital twice this week.
20. Elena y Alejandra han vivido aquí desde mil novecientos noventa y cinco.
    Elena and Alejandra have lived here since 1995.

25E. Practique las formas afirmativa, interrogativa y negativa.
     Practice the affirmative, interrogative, and negative forms.

     Ejemplo número 1:

     E1: Yo he aprendido a conjugar el verbo haber en presente.
     E2: ¿Has aprendido (tú) a conjugar el verbo haber en presente?
     E3: No, yo no he aprendido a conjugar el verbo haber en presente.

     2. El Sr. García ha comprado dos autos nuevos este año.
     3. Elizabeth y su esposo han decidido mudarse a la ciudad.
     4. Alejandra ha dormido pocas horas.
     5. El Sr. Johnson ha enseñado inglés durante cinco años.
     6. Margarita ha estado muy triste últimamente.
     7. Los estudiantes han estudiado para el examen.
     8. El Sr. González ha ido a Europa dos veces este año.
     9. Alicia y Javier han jugado tenis durante mucho tiempo.
    10. El Sr. Turner ha leído varios libros en español.
    11. Inés ha oído esa historia antes.
    12. Ella ha preparado una cena para sus amigas
    13. Las mamás han recibido flores por el día de las madres.
    14. Nosotros hemos sido muy buenos amigos.
    15. Margarita ha tenido dos novios.
    16. El pianista ha tocado maravillosamente.
    17. Karen ha trabajado en esta compañía por más de un año.
    18. Roberto ha vendido tres automóviles este mes.
    19. Ellos han venido a visitarme al hospital dos veces esta semana.
    20. Elena y Alejandra han vivido aquí desde mil novecientos noventa y cinco.

25F. Complete las siguientes afirmaciones en presente perfecto.
     Complete the following statements in present perfect tense.

     1. Mario _____ (leer) muchos libros en inglés.   English
     2. La Sra. Taylor _____ (aprender) bastante español.   Spanish
     3. Los estudiantes _____ (ir) al museo dos veces este año. museum
     4. Yo _____ (ser) voluntario en un hospital por más de un año. volunteer
     5. Mi hijos _____ (tocar) el piano y la guitarra desde enero. guitar

6. La Sra. Smith _____ (tener) muchos perros.   dogs
7. Mi hermano _____ (decidir) abrir su nuevo negocio este mes.   business
8. Yo _____ (vivir) en este vecindario desde 1998.   neighborhood
9. Catalina y su esposo _____ (comprar) dos computadoras esta semana.   computers
10. Nosotros _____ (recibir) muchos correos electrónicos.   E-mails

25G. Formule preguntas con las palabras interrogativas que se dan a continuación.
Formulate questions with the interrogative words that are given below.

1. La Sra. Sánchez ha comprado mucha ropa últimamente.   clothes

¿Quién _____ ?

¿Qúé _____ ?

¿En Dónde _____ ?

2. El Sr. Morales ha enseñado matemáticas por más de tres años.   math

¿Qué _____ ?

¿Cuánto tiempo _____ ?

3. Nancy ha estado enferma desde la semana pasada.   sick

¿Desde cuándo _____ ?

¿Quién _____ ?

4. El Sr. y la Sra. Scott han ido a New York tres veces este año.   three times

¿Adónde _____ ?

¿Con quién _____ ?

¿Por qué _____ ?

5. Norma y Angélica han sido vecinas desde enero.   neighbors.

¿Desde cuándo _____ ?

6. Marilyn ha vendido joyería desde hace seis años.   jewelry

¿Qué _____ ?

¿Quién _____ ?

7. Alfredo y Jesús han venido a California una vez este año.   once

¿Cuántas veces _____ ?

Lección 26

Tiempo Pasado Perfecto
Past Perfect Tense

26A. Aprenda la conjugación del verbo haber en imperfecto de indicativo.
Learn the conjugation of the auxiliary verb 'to have' in imperfect indicative.

Imperfecto

Yo había		I had
Tú habías	(sing.- familiar)	You had
Usted había	(sing.- formal)	You had
Él había		He had
Ella había		She had
Nosotros-as habíamos		We had
Ustedes habían		You had
Ellos-as habían		They had

26B. Aprenda más verbos en participio pasado también.
Learn a few more verbs in past participle also.

Infinitivo	Participio Pasado	Past Participle	Infinitivo	Participio Pasado	Past Participle
1. comenzar	comenzado	begun	6. perder	perdido	lost
2. desaparecer	desaparecido	missing	7. robar	robado	stolen
3. enviar	enviado	sent	8. salir	salido	left
4. hablar	hablado	spoken, talked	9. terminar	terminado	finished
* 5. levantarse	levantado	gotten up, raised	10. traer	traído	brought

26C. Ahora aprenda la construcción del pasado perfecto o pluscuamperfecto.
Now learn the structure of the past perfect or pluperfect.

Ejemplo: _____comenzado el proyecto cuando Eric llegó.

Example: _____ begun the project when Eric arrived.

Yo había
Tú habías
Usted había
Él había   comenzado el proyecto cuando Eric llegó.
Ella había
Nosotros-as habíamos
Ustedes habían
Ellos-as habían

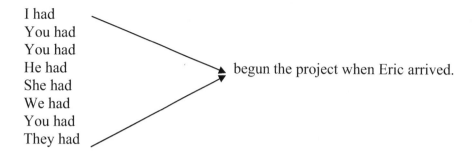

I had
You had
You had
He had
She had
We had
You had
They had

begun the project when Eric arrived.

26D. Lea las siguientes afirmaciones.
Read the following statements.

1. Mario había comenzado a marcar su teléfono cuando ella tocó a la puerta.
   Mario had begun to dial her phone when she knocked on the door.
2. El niño había desaparecido por más de 48 horas.
   The child was missing for more than 48 hours.
3. Lucero ya había enviado las invitaciones la noche anterior.
   Lucero had already sent the invitations the night before.
4. Karen había hablado con Sandra antes de que la clase comenzara.
   Karen had spoken with Sandra before the class began.
5. Rocío ya <u>se</u> había levantado cuando el reloj sonó.
   Rocío had already been gotten up when the clock rang.
6. Rosa había perdido sus llaves.
   Rosa had lost her keys.
7. Yo pensé que alguien había robado mi pulsera.
   I thought that someone had stolen my bracelet.
8. El avión ya había salido cuando Raúl llegó.
   The plane had already left when Raul came.
9. Fabricio y Edna habían terminado de cenar cuando su mamá llamó.
   Fabricio and Edna had finished dinner when their mother arrived.
10. Carlos había traído muchos regalos para los niños un día antes de la fiesta.
    Carlos had brought many presents for the children one day before the party.

26E. Lea las siguientes afirmaciones y cámbielas a las formas interrogativa y negativa.
    Read the following sentences and change them to the interrogative and negative forms.

Ejemplo # 1

Mario había comenzado a marcar su teléfono cuando ella tocó a la puerta.
¿Había comenzado Mario a marcar su teléfono cuando ella tocó a la puerta?
Mario no había comenzado a marcar su teléfono cuando ella tocó a la puerta.

Nota: Omita el adverbio ya en la forma negativa.
Note: Omit the adverb "already" in the negative form.

2. El niño había desaparecido por más de 48 horas.
3. Lucero ya había enviado las invitaciones la noche anterior.
4. Karen había hablado con Sandra antes de que la clase comenzara.
5. Rocío ya <u>se</u> había levantado cuando el reloj sonó.
6. Rosa había perdido sus llaves.
7. <u>Yo</u> pensé que alguien había robado <u>mi</u> pulsera.

8. El avión ya había salido cuando Raúl llegó.
9. Fabricio y Edna habían terminado de cenar cuando su mamá llamó.
10. Carlos había traído muchos regalos para los niños un día antes de la fiesta.

26F. Aprenda la conjugación del verbo decir en pretérito.
Learn the conjugation of the verb 'to say' in preterit.

Yo dije	I said
Tú dijiste (sing. - familiar)	You said
Usted dijo (sing. - formal)	You said
Él dijo	He said
Ella dijo	She said
Nosotros-as dijimos	We said
Ustedes dijeron	You said
Ellos-as dijeron	They said

26G. Ahora cambie del pretérito a pluscuamperfecto comenzando cada oración con un pronombre y luego aumente el verbo decir como se muestra en el ejemplo.
Now change from preterit to past perfect beginning each sentence with a pronoun and then add the verb 'to say' as shown in the example.

Siga el ejemplo: Follow the example:

Norma leyó el libro en dos días.   Norma read the book in two days.
Ella dijo que había leído el libro en dos días.   She said she had read the book in two days.

1. Emma y Sergio le enviaron un regalo.   Emma and Sergio sent him a present.

   _____

2. Tú te levantaste a las 5:30 a.m.   You got up at 5:30 a.m.

   _____

3. Paul oyó la alarma del reloj a las 6:00 a.m.   Paul heard the alarm clock at 6:00 a.m.

   _____

4. Nancy trajo las llaves de mi carro.   Nancy brought my car keys.

   _____

5. Miguel salió de clase a las 3:00 en punto.   Miguel left class at 3:00 o'clock

   _____

26H. Cambie del pretérito al pasado perfecto comenzando cada oración con "Yo pensé."
Change from preterit to past perfect beginning each sentence with "I thought."

Ejemplo: Example:

Ellos compraron un auto usado.   They bought a used car.
Yo pensé que ellos habían comprado un auto usado.   I thought they had bought a used car.

1. Mariela terminó su almuerzo a medio día.   Mariela finished her lunch at noon.

_____

2. Tú compraste tu boleto en el aeropuerto.   You bought your ticket at the airport.

_____

3. El avión salió a la 1:00 p.m.   The plane left at one o'clock

_____

4. Comenzó a llover otra vez.   It began to rain again.

_____

5. Ambos expedientes desaparecieron.   Both files disappeared.

_____

26I. Existen participios pasados irregulares con terminación _to y _cho.
There are irregular past participles with endings of *-to* and *-cho*.

Infinitivo	Participio pasado	Past participle
abrir	abierto	opened
cubrir	cubierto	covered
describir	descrito	described
descubrir	descubierto	discovered
escribir	escrito	written
morir	muerto	died
poner	puesto	put, placed
romper	roto	broken
ver	visto	seen
volver	vuelto	returned
decir	dicho	said. told
hacer	hecho	made, done

26J. Cambie del pretérito al pasado perfecto usando algunos participios pasados irregulares.
Change from preterit to past perfect using some irregular past participles.

Siga el ejemplo: Follow the example:

Él vio esa película   He saw that movie.
<u>Natalia me preguntó si</u> él había visto esa película.   <u>Natalia asked me if</u> he had seen that movie.

1. El testigo dijo la verdad   The witness told the truth.

_____

2. Los estudiantes hicieron su tarea.   The students did their homework.

_____

3. El niño puso la caja debajo de la mesa.   The boy placed the box under the table.

_____

4. Ellos rompieron el vidrio de la ventana.   They broke the glass of the window.

_____

5. La nieve cubrió las carreteras.   The snow covered the highways.

_____

26K. Lea las oraciones completas y después escriba el participio pasado de cada verbo en las líneas.
Read the complete sentences then write the past participle of each verb on the lines.

1. Cuando mis amigos llegaron yo ya había
When my friends arrived I had already

_____ (terminar) mi tarea
_____ (preparar) la cena
_____ (ir) al supermercado
_____ (ver) mi programa favorito
_____ (dormir) una siesta

2. Cuando él llegó yo no había
When he arrived I had not

_____ (enviar) la correspondencia
_____ (hablado) con Roberto
_____ (traer) el carro del taller mecánico
_____ (poner) la mesa
_____ (escribir) a mis padres

todavía.
yet

26L. Formule preguntas con las palabras interrogativas que se dan a continuación.
Formulate questions with the interrogative words given subsequently.

1. Vicente ya había hecho la tarea antes de llamarles.   calling them.

¿Quién _____ ?

2. Estela y Ana habían estudiado historia dos días antes del examen.   history

¿Qué _____ ?

3. Fernando ya había vendido todos sus muebles antes de medio día.   furniture

¿Quién _____ ?

¿Qué _____ ?

4. Carlos ya había puesto los cuadros en la pared cuando la luz se fue.   the power was off

¿Qué _____ ?

Lección 27

Tiempo Futuro Perfecto
Future Perfect Tense

27A. Lea la conjugación del verbo haber en tiempo futuro.
Read the conjugation of the auxiliary verb 'to have' in future tense.

Yo habré		I will have
Tú habrás	(familiar – sing.)	You will have
Usted habrá	(formal – sing.)	You will have
Él habrá		He will have
Ella habrá		She will have
Nosotros-as habremos		We will have
Ustedes habrán		You will have
Ellos-as habrán		They will have

27B. Aprenda más verbos en participio pasado.
Learn more verbs in past participle.

Infinitivo	Participio Pasado	Past Participle	Infinitivo	Participio Pasado	Past Participle
1. abrir	abierto	opened	* 11. acostarse	acostado	gone to bed
2. ahorrar	ahorrado	saved	* 12. caerse	caído	fallen down
3. aprender	aprendido	learned	* 13. casarse	casado	gotten married
4. comer	comido	eaten	* 14. graduarse	graduado	graduated
5. entregar	entregado	delivered	* 15. irse	ido	gone away
6. hacer	hecho	done	* 16. marcharse	marchado	left
7. limpiar	limpiado	cleaned	* 17. mudarse	mudado	moved
8. manejar	manejado	driven	* 18. quedarse	quedado	stayed
9. terminar	terminado	finished	* 19. ponerse	puesto	put on
10. traer	traído	brought	* 20. vestirse	vestido	get dressed

27C. Ahora aprenda la construcción del tiempo futuro perfecto.
Now learn the structure of the future perfect tense.

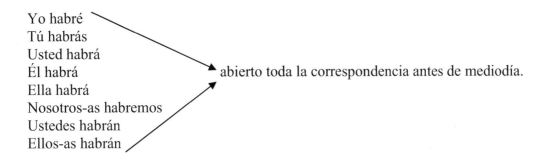

Yo habré
Tú habrás
Usted habrá
Él habrá
Ella habrá   abierto toda la correspondencia antes de mediodía.
Nosotros-as habremos
Ustedes habrán
Ellos-as habrán

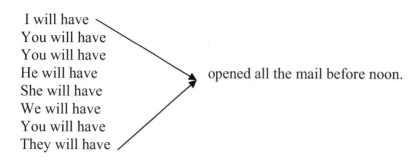

I will have
You will have
You will have
He will have
She will have ⟶ opened all the mail before noon.
We will have
You will have
They will have

27D. Lea las siguientes afirmaciones.
Read the following statements.

Nota: El futuro perfecto se refiere a un evento que será completado dentro de un tiempo específico u otro evento en el futuro.
Note: The future perfect refers to an event that will be completed within a specific time or another event in the future.

1. Para octubre, ella ya habrá abierto su nuevo negocio.
   For October, she will have already opened her new business

2. Dentro de dos meses, ustedes ya habrán ahorrado suficiente dinero para ir a Europa.
   Within two months, all of you will have already saved enough money to go to Europe.

3. Antes de salir de clase, nosotros ya habremos aprendido el tiempo futuro perfecto.
   Before going out of class, we will have already learned the future perfect tense.

4. Antes de las 3:00 p.m., ellos ya habrán comido.
   Before 3:00 p.m., they will have already eaten.

5. Para mañana, yo ya habré entregado los libros a la biblioteca.
   For tomorrow, I will have already delivered the books to the library.

6. Cuando ella llegue, yo ya habré hecho mi trabajo.
   When she comes, I will have already done my work.

7. Si ellos llegan después de la 1:00 p.m., nosotras ya habremos limpiado la casa.
   If they come after 1:00 p.m., we will have already cleaned the house.

8. Cuando lleguemos a Washington, habremos manejado más de 200 millas.
   When we arrive to Washington, we will have driven over 200 miles.

9. Para julio, yo ya habré terminado mi libro.
   For July, I will have already finished my book.

10. Para la próxima semana, los estudiantes ya habrán traído sus uniformes.
    For the next week, the students will have already brought their uniforms.

11. Cuando lleguemos, los niños ya se habrán acostado.
    When we come, the children will have already gone to bed.

12. Para noviembre, todas las hojas de los árboles se habrán caído.
    For November, all the leaves of the trees will have fallen down.

13. Para diciembre, yo ya me habré casado.
    For December, I will have already married.

14. Para mayo, tú ya te habrás graduado de la preparatoria.
    For May, you will have already graduated of the high school.

15. Antes de medio día, Barbara ya se habrá ido para New York.
    Before half a day, Bárbara will have already gone away for New York.

16. Si ella no se apresura, sus padres ya se habrán marchado para México.
    If she does not hurry, her parents will have already left for Mexico.

17. Pasado mañana yo ya me habré mudado para la ciudad.
    The day after tomorrow I will have already moved to the city.

18. No te preocupes; él se habrá quedado en un hotel.
    Do not worry; he will have stayed in a hotel.

19. Antes de la 1:00 p.m., nosotros ya nos habremos puesto el traje nuevo.
    Before 1:00 p.m. we will have already put on the new suit.

20. Antes de las 6:00 p.m., ella ya se habrá vestido para la boda.
    Before 6:00 p.m., she will have already gotten dressed for the wedding.

27E. Lea las siguientes oraciones y cámbialas a la forma interrogativa.
    Read the following sentences and change them to interrogative form.

    Ejemplo # 1   E1: Ella ya habrá abierto su nuevo negocio para octubre.
                   E2: ¿Ya habrá abierto ella su nuevo negocio para octubre?

    2. Ustedes ya habrán ahorrado suficiente dinero para ir a Europa dentro de dos meses.
    3. Nosotros ya habremos aprendido el tiempo futuro perfecto antes de salir de clase.
    4. Mario y Julio ya habrán comido antes de las 3:00 p.m.
    5. Yo ya habré entregado los libros a la biblioteca para mañana.
    6. Yo ya habré hecho mi trabajo cuando ella llegue.
    7. Ana y yo ya habremos limpiado la casa si ellos llegan después de la 1:00 p.m.
    8. Nosotros habremos manejado más de 200 millas cuando lleguemos a Washington.
    9. Yo ya habré terminado mi libro para julio.
   10. Los estudiantes ya habrán traído sus uniformes para la próxima semana.
   11. Los niños ya se habrán acostado cuando lleguemos.
   12. Todas las hojas de los árboles se habrán caído para noviembre.
   13. Yo ya me habré casado para diciembre.
   14. Tú ya te habrás graduado de la preparatoria para mayo.
   15. Barbara ya se habrá ido para New York antes de medio día.
   16. Sus padres ya se habrán marchado para México si ella no se apresura.
   17. Yo ya me habré mudado para la ciudad pasado mañana.
   18. Enrique se habrá quedado en un hotel.
   19. Nosotros ya nos habremos puesto el traje nuevo antes de la 1:00 p.m.
   20. Angelica ya se habrá vestido para la boda antes de las 6:00 p.m.

Lección 28

Más números
More numbers
Fracciones
Fractions

28A. Aprenda los siguientes números.
Learn the following numbers.

100	cien	1,000	mil	10,000	diez mil	100,000	cien mil
200	doscientos	2,000	dos mil	20,000	veinte mil		
300	trescientos	3,000	tres mil	30,000	treinta mil		
400	cuatrocientos	4,000	cuatro mil	40,000	cuarenta mil		
500	quinientos	5,000	cinco mil	50,000	cincuenta mil		
600	seiscientos	6,000	seis mil	60,000	sesenta mil		
700	setecientos	7,000	siete mil	70,000	setenta mil		
800	ochocientos	8,000	ocho mil	80,000	ochenta mil		
900	novecientos	9,000	nueve mil	90,000	noventa mil		

28B. Lea las siguientes cantidades.
Read the following quantities.

a). 105   ciento cinco
b). 230   doscientos treinta
c). 348   trescientos cuarenta y ocho
d). 450   cuatrocientos cincuenta
e). 512   quinientos doce
f). 610   seiscientos diez
g). 791   setecientos noventa y uno
h). 826   ochocientos veintiséis
i). 944   novecientos cuarenta y cuatro

28C. Ahora lea las siguientes cantidades horizontalmente.
Now read the following quantities horizontally.

a). 105   1,105   10,105
b). 230   2,230   20,230
c). 348   3,348   30,348
d). 450   4.450   40,450
e). 512   5,512   50,512
f). 610   6,610   60,610
g). 791   7,791   70,791
h). 826   8,826   80,826
i). 944   9,944   90,944
j). 1,000   10,000   100,000

28D. Escriba los siguientes cantidades en las líneas.
Write the following quantities on the lines.

a). cuatrocientos ochenta _____
b). mil quinientos treinta y tres _____
c). ochocientos noventa y seis _____
d). diez mil setecientos cincuenta y dos _____
e). seis mil seiscientos veinticinco _____
f). nueve mil cuatrocientos diecinueve _____
g). ciento doce _____
h). doscientos ocho _____
i). cuarenta mil quinientos cuarenta y cuatro _____

28E. Conteste las siguientes preguntas ¿Cuánto cuesta(n)?
Answer the following questions, How much?

1. E1: ¿Cuánto cuesta una lavadora?   washing machine
   E2: _____

2. E1: ¿Cuánto cuesta un comedor?   dining room set
   E2: _____

3. E1: ¿Cuánto cuesta una computadora?   computer
   E2: _____

4. E1: ¿Cuánto cuesta un viaje de E.U. a Japón?   a trip
   E2: _____

5. E1: ¿Cuánto cuestan unas botas?   boots
   E2: _____

28F. Lea las siguientes fracciones.
Read the following fractions.

1. 1/4	un cuarto	la cuarta parte	6. 1/5	un quinto	la quinta parte
2. 1/2	un medio	una mitad, la mitad	7. 1/8	un octavo	la octava parte
3. 3/4	tres cuartos	tres cuartas partes	8. 1/10	un décimo	la décima parte
4. 1/3	un tercio	la tercera parte	9. 1/12	un doceavo	la doceava parte
5. 2/3	dos tercios	dos terceras partes	10. 1/100	un centésimo	la centésima parte

28G. Escriba sobre las líneas las fracciones que se muestran más adelante.
   Write on the lines the fractions that are shown further on.

Ejemplo:

1									

Un décimo   1/10 _____

1.

1	2	3	

_____

2.

1	

_____

3.

1	2	3	4	5			

_____

4.

1	2	

_____

5.

1	2			

_____

6.

1			

_____

7.

1	2	3									

_____

Spanish-English Vocabulary

A

abajo, down.
abierto, opened.
abogado, lawyer.
abrigo, coar
abril, April.
abrir, to open.
abuelos, grandparents.
aburrido, boring.
acción, action.
acordarse, to remember.
acostarse, lie down.
actividad, activity.
actriz, actress.
adecuado, suitable.
adelante, ahead.
además, in addition.
adiós, good bye.
adjetivo, adjective.
adquirir, to acquire.
adverbio, adverb.
adónde, where.
aeropuerto, airport.
afirmativo, affirmative.
afuera, outside.
agosto, August.
agradable, pleasant.
agua, water.
ahora, now.
ahorita, right now.
ahorrar, to save.
al, to the
alarma, alarm.
alcanzar, to reach.
alfabeto, alphabet.
algo, something.
alguien, somebody.
algunas, some.
algunos, some.
alimentos, foods.
allá, there.
allí, there.
almacén, warehouse.
almuerzo, lunch.
alrededor, around.
alternando, alternating.
alto, high, stop
amarillo, yellow.

ambos, both.
amigo, friend.
anaranjado, orange.
anatomía, anatomy.
ancho, wide.
angosto, narrow.
aniversario, anniversary.
anoche, last night.
antebrazo, forearm.
anteponer, to put in front.
anterior, previous.
antes, before.
antropología,
anthropology.
antónimos, antonyms.
anular, to annul.
años, to years.
apartamento, apartment.
apellido, last name.
aplazar, to postpone.
aprender, to learn.
aprendizaje, learning.
apresurar, to hurry.
aquellas, those.
aquí, here.
árbol, tree.
archiveros, file cabinet.
arcoiris, rainbow.
armario, closet.
arquitecto, architect.
arriba, above.
arroz, rice.
artículo, article.
asegurar, to assure.
asiento, seat.
asistente, assistant.
asistir, to attend.
asociando, associating.
así, thus.
atención, attention.
atleta, athlete.
atracciones, attractions.
atrás, back.
aumentar, to increase.
aunque, although.
autobús, bus.
automóviles, automobiles.
autor, author.
avión, airplane.

ayer, yesterday.
ayuda, aid.
azul, blue.

B

bailar, to dance.
bajo, low.
balón, ball.
banco, bank.
barato, cheap.
barbacoa, barbecue.
básicamente, basically.
bastante, enough.
bañar, to bathe.
beber, to drink.
biblioteca, library.
bicicleta, bicycle.
bien, well.
blanco, white.
blusa, blouse.
boda, wedding.
boleto, ticket.
bolsa, bag.
bolsillo, pocket.
bonito, pretty.
borrador, eraser.
botas, boots.
brazo, arm.
brocas, drill bits.
bueno, good.
buscar, to look for.

C

caballo, horse.
cabello, hair.
cabeza, head.
cada, each.
cadera, hip.
caerse, to fall.
cafetera, coffee maker.
café, coffee.
caja, box.
cajuela, trunk.
cajón, drawer.
calcetines, socks.
calculadora, calculator.
calendario, calendar.

caliente, warm up.
calle, street.
calor, hot, heat.
cama, bed.
cámara, camera.
cambiar, to change.
caminar, to walk.
camisa, shirt.
cancha, field.
canción, song.
cantidad, amount.
capaz, be able.
característica, characteristic.
cara, face.
cardinal, cardinal.
caricatura, cartoon.
carne, meat.
caro, expensive.
carpintero, carpenter.
carretera, highway.
carro, car.
carta, letter.
casa, house.
casarse, to marry.
casi, almost.
categoría, category.
catorce, fourteen.
celebrar, to celebrate.
cena, supper.
cenar, to have supper.
centro, center.
centésima, hundredth.
centésimo, hundredth.
cepillarse, to brush themselves.
cepillo, brush.
cerca, close.
cerezas, cherries.
cero, zero.
cerrar, to close.
césped, grass, lawn
cesto, basket.
chamarra, jacket.
chofer, driver.
cielo, sky.

cien, one hundred.
cinco, five.
cincuenta, fifty.
cine, movies,cinema.
cinta, tape.
cintura, waist.
cinturones, belts.
ciudad, city.
claridad, clarity.
claro, sure.
clase, class.
cliente, customer.
clima, weather, climate.
cocina, cook.
codo, elbow.
coincidir, to agree.
colectiva, collective.
colegio, school.
colocar, to place.
colores, colors.
comedor, dining room.
comentario, commentary.
comenzar, to begin.
comer, to eat.
comercial, commercial.
cómo, how.
cómodo, comfortable.
compañía, company.
comparar, to compare.
complejo, complex.
complemento, complement.
completar, to complete.
comprar, to buy.
comprender, to understand.
compresora, compressor.
computadora, computer.
común, common.
comunicación, communication.
comunitario, communitarian.
con, with.
condecorado, decorated.
condición, condition.

conducir, to drive.
confortable, comfortable.
confundir, to confuse.
conjugar, to conjugate.
conjunción, conjunction.
conjuntamente, jointly.
conllevar, lead.
conocer, to know.
conocimiento, knowledge.
consejero, advisor.
considerar, to consider.
construir, to construct.
contenido, content.
contento, glad.
contestar, to answer.
contexto, context.
contener, to contain.
contigo, with you.
continuar, to continue.
contracción, contraction.
copiadora, copier.
corbata, necktie.
coro, choir.
correcto, correct.
corregir, to correct.
correo, mail.
correr, to run.
correspondencia, correspondence, mail
correspondiente, corresponding.
corto, short.
cosa, thing.
costar, to cost.
creer, to believe.
cruz, cross.
cuaderno, notebook.
cuadro, picture.
cuál, which.
cuáles, which.
cualidad, quality.
cuando, when.
cuándo, when.
cuánto, how much.
cuarenta, forty.
cuarto, room, quarter.

cuatro, four.
cuatrocientos, four hundred.
cubierto, covered.
cubrir, to cover.
cuello, neck.
cuento, story.
cuerpo, body.
cuidado, care.
cumpleaños, birthday.
curso, course.

D

dar, to give.
debajo de, under
deber, must, should.
decidir, to decide.
decir, to say.
dedo, finger.
definición, definition.
definido, defined.
dejar, to leave.
del, of the.
deletrear, spelling.
delgado, thin.
demostrativo, demonstrative.
dentista, dentist.
dentro, inside.
dependiendo, depending.
deporte, sport, game.
derecho, right.
desaparecer, to disappear.
desarmador, screw driver.
desarrollar, to develop.
desayunar, to have breakfast.
desayuno, breakfast.
descansar, to rest.
describir, to describe.
descubrir, to discover.
desde, from.
desear, wish, desire.
despacio, slowly.
despertarse, to awake.

después, later.
destornillador, screwdriver.
detalle, detail.
determinar, determining.
detrás, behind.
diablo, two wheeled cart.
dibujo, drawing.
diccionario, dictionary.
diciembre, December.
diecinueve, nineteen.
dieciocho, eighteen.
diecisiete, seventeen.
dieciséis, sixteen.
diente, tooth.
diez, ten.
diferente, different.
difícil, difficult.
dinero, money.
dirigir, to direct.
discoteca, discotheque.
disculpar, to excuse.
diseño, design.
disfrutar, to enjoy.
divertirse, to amuse themselves.
dividir, to divide.
división, division.
doble, double.
doce, twelve.
doceavo, twelfth.
doctora, doctor.
documentos, documents.
doler, to hurt.
dolor, pain.
domicilio, address.
domingo, Sunday.
dormido, sleepy.
dormir, to sleep.
dormirse, to fall asleep.
dos, two.
doscientos, two hundred.
doler, to hurt.
dulce, candy.
durante, during.
durazno, peach tree.

duro, hard.
décimo, tenth.
días, days.
dónde, where.

E

edad, age.
edificio, building.
eficiente, efficient.
ejemplo, example.
ejercicio, exercise.
el, the.
electrónica, electronic.
elefante, elephant.
elegir, to choose.
ella, she.
ellas, they.
ellos, they.
emocionante, exciting.
empleado, employee.
en, in.
enciclopedia, encyclopedia.
encima, above, on.
encontrar, to find.
enero, January.
enfermero, nurse.
enfermería, infirmary, nursing.
enfermo, sick, patient.
enfrente, opposite, facing.
enfática, emphatic.
engrapadora, stapler
ensalada, salad.
enseñanza, education.
enseñar, to teach.
entender, to understand.
entrar, to enter, come in.
entregar, to deliver.
enviar, to send.
envolver, to wrap up.
esa, that.
esas, those.
escoger, to choose.
escribir, to write.

escritor, writer.
escritorio, desk.
escritura, writing.
escuchar, to listen to.
escuela, school.
ese, that.
eso, that.
esos, those.
espacio, space.
espalda, back.
español, Spanish.
especial, special.
especificar, specify.
esperar, to wait, to hope.
esposa, wife.
esposo, husband.
esquina, corner.
estacionamiento, parking.
estación, station.
estadio, stadium.
estado, been, state.
estante, shelf.
estar, to be.
estas, these.
este, this.
esto, this.
estos, these.
estrategia, strategy.
estreno, release, premiere.
estructura, structure.
estudiante, student.
estudiar, to study.
estufa, stove.
estómago, stomach.
evento, event.
examen, examination.
exceder, to exceed.
excepto, except.
existir, to exist.
expediente, file.
experiencia, experience.
explicar, to explain.
exportar, to export.
expresar, to express.
expresión, expression.

F

facturas, invoices.
falda, skirt.
familiares, relatives.
favorito, favorite.
febrero, February.
fecha, date.
femenino, feminine.
feo, ugly.
fiesta, celebration.
fila, row.
fin, end.
flor, flower.
fluidez, fluidity.
fondos mutuos, mutual funds.
formal, formal.
formar, to form.
formas, forms.
formular, to formulate.
fotografía, photograph.
fracciones, fractions.
frasco, bottle.
frase, phrase.
frecuentemente, frequently.
frenos, brakes.
frente, forehead.
fresa, strawberry.
fresco, fresh.
frijoles, beans.
fruta, fruit.
frío, cold.
futuro, future.
fácil, easy.
fácilmente, easily.
física, physics.
fólder, to folder.
fútbol, soccer.

G

gabinete, cabinet.
galletas, cookies.
ganar, to win.

garaje, garage.
gato, cat.
generalmente, generally.
gente, people.
gerente, manager.
gerundio, gerund.
gimnasio, gymnasium.
gordo, fat person.
gorra, cap.
grabar, to record.
gracias, thanks.
graduarse, to graduate.
gramática, grammar.
gran, great.
gris, gray.
grueso, heavy.
grupo, group.
guitarra, guitar.
gustar, to please, to like.
género, gender, sort.

H

haber, to have.
habitualmente, habitually.
hablar, to speak.
habrá, will have.
hacer, to do.
hacia, towards.
hambre, hunger.
hamburguesa, hamburger.
hasta, till, until, even.
hay, there is, there are.
hecho, fact.
helado, ice cream.
hermana, sister.
hermano, brother.
herramienta, tool.
hielera, cooler.
higienista, higienista.
hija, daughter.
hijo, son.
hispanohablantes, hispanic speakers
historia, history.
hojas, leaves.

hombro, shoulder.
hora, hour.
horizontalmente, horizontally.
hotel, hotel.
huevos, eggs.
humano, human.

I

iba, went.
iban, went.
identificación, identification.
identificar, to identify.
idioma, language.
idiomático, idiomátic.
idénticos, identical.
iglesia, church.
igual, same, alike, equal.
igualmente, also.
imperativo, imperative.
imperfecto, imperfect.
impersonal, impersonal.
importante, important.
impresora, printing.
imprimir, to print.
incluir, to include.
incrementar, to increase.
incómodo, uncomfortable.
indefinido, indefinite.
independencia, independence.
indica, indicates.
indicativo, indicative.
índice, index.
indirecto, indirect.
infinitivo, infinitivo.
información, information.
inglés, English.
iniciar, to initiate.
instrucción, instruction.
instrumento, instrument.
inteligente, intelligent.
interesante, interesting.
interpretar, to interpret.

interrogativo, interrogative.
inversa, inverse.
invertir, to invest.
invierno, winter.
invitación, invitation.
ir, to go.
irregular, irregular.
irse, to go away.
italiano, Italian.
izquierdo, left.

J

jamón, ham.
Japón, Japan.
jardinero, gardener.
jardín, garden.
joven, young person.
joyería, jewelry.
juego, game.
jueves, Thursday.
jugaba, it played.
jugar, to play.
jugo, juice.
julio, July.
junio, June.
juntar, to join.

L

lado, side.
largo, length.
las, the.
lastimarse, to hurt itself.
latas, cans.
lavar, to wash.
le, him, her
lección, lesson.
leche, milk.
lectura, reading.
leer, to read.
lentes, lenses, glasses.
lento, slow.
letras, letters.
levantar, to raise, to lift.

librero, bookcase, bookseller.
libro, book.
limitado, limited.
limpiar, to clean.
linterna, flashlight, lantern.
lista, list.
listo, ready.
llamar, to call.
llave, key.
llavero, key ring.
llegar, to arrive.
llenar, to fill.
llevar, to take.
llover, to rain.
lluvioso, rainy.
localizar, to locate.
loción, lotion.
lograr, to obtain.
los, the.
luego, then, early.
lugar, place.
lunes, Monday.
luz, light.
lámpara, lamp.
lápiz, pencil.
línea, line.

M

madera, wood.
maestra, teacher.
maestro, teacher.
malo, bad.
mamá, mother.
mandato, command, mandate, order
manejar, to drive.
manera, way.
manguera, hose.
mano, hand.
manzana, apple.
mapa, map.
maravillosamente, wonderfully.

marcador, marker.
marcar, to mark.
marcharse, to leave.
martes, Tuesday.
martillo, hammer.
marzo, March.
masculino, masculine.
matemáticas, mathematics.
matraca, socket wrench.
mayoría, majority.
mañana, tomorrow.
mecánico, mechanic.
medalla, medal.
medias, stockings.
medicina, medicine.
medio, half, means.
mediodía, noon.
mejilla, cheek.
mejor, better.
melón, cantaloupe, melón.
memorizar, to memorize.
mencionar, to mention.
menos, less.
mentiras, lies.
mermelada, jam.
mes, month.
mesa, table.
meteorológico, meteorological.
mexicano, Mexican.
meñique, pinkie.
mi, my.
miedo, scare, fear.
mil, thousand.
milla, mile.
minuto, minute.
mis, my.
mismo, same.
mitad, half.
miércoles, Wednesday.
moderno, modern.
modo, way.
momento, moment.
moneda, coin, currency.
montar, to ride.

montaña, mountain.
morado, purple
morir, to die.
mostrador, counter.
mostrar, to show.
motivo, reason.
motocicleta, motorcycle.
mucha, much.
muchacha, girl.
muchacho, boy.
mucho, much.
muchos, many.
mudarse, to move.
muebles, furniture.
muerto, died.
multiplicaciones, multiplications.
museo, museum.
muy, very.
muñeca, wrist, doll.
método, method.
métrica, metric.
mías, mine.
míos, mine.
música, music.

N

nacer, to be born.
nacionalidad, nationality.
nada, nothing.
nadar, to swim.
nalga, buttock.
naranja, orange.
nariz, nose.
natural, natural.
necesario, necessary.
necesidad, necessity.
negativo, negative.
negocio, business.
negro, black.
nevar, to snow.
nieto, grandson.
nieve, snow.
nivel, level.
niña, girl.

niño, boy.
noche, night.
nombre, name.
norte, north.
nos, us.
nosotros, we.
nota, note.
noticias, the news.
novecientos, nine hundred.
noveno, ninth.
noventa, ninety.
novia, girlfriend, fiancée.
noviembre, November.
novios, boyfriends
nublado, cloudy.
nuestro, our(s).
nuestros, our(s).
nueve, nine.
nuevo, new.
nuevos, new.
nunca, never.
número, number.

O

objetivo, objective.
objetos, objects.
obra, work.
observar, to observe.
obtener, to obtain.
ocasión, occasion.
ochenta, eighty.
ocho, eight.
ochocientos, eight hundred.
octavo, eighth.
octubre, October.
ocupación, occupation.
ocurrir, to happen.
oficina, office.
oír, to hear.
ojo, eye.
olimpiadas, the Olympic Games.
olvidar, to forget.
omitir, to omit.

operación, operation.
opuesto, opposed.
oración, sentence.
oralmente, orally.
orden, order.
ordinales, ordinal.
oreja, ear.
organizar, to organize.
origen, origin.
oro, gold.
ortografía, spelling.
otoño, autumn.
otra, another one.
otro, another one.

P

paciencia, patience.
padres, parents.
palabra, word.
palma, palm.
pan, bread.
pantalones, pants.
pantera, panther.
pantorrilla, calf.
papa, potato.
papá, father.
papel, paper.
para, for.
parado, standing.
pararse, to stand
parecer, to seem.
pared, wall.
parque, park.
parte, part.
participar, to participate.
participios, participles.
partir, to go away
pasar, to happen.
pasillo, hall, corridor.
pasos, steps.
pasto, grass.
pavo, turkey.
pecho, chest.
pedir, to ask for, to request
pegado, attached.

peinarse, to comb itself.
película, movie, film.
pena, pain.
pensar, to think.
pequeño, small.
peras, pears.
perder, to lose.
perfecto, perfect.
periodo, period.
periódico, newspaper.
permiso, permission.
permitir, to allow.
pero, but.
perro, dog.
persona, person.
personales, personal.
pescado, fish.
pianista, pianist.
pie, foot.
pierna, leg.
pies, feet.
pilas, batteries.
pintar, to paint.
pintor, painter.
pintura, painting.
pinzas, pliers, tweezers.
piña, pineapple.
planta, plant.
platicar, to talk.
plato, plate.
playa, beach.
playera, T-shirt.
plomero, plumber.
pluma, pen.
plural, plural.
pluralizar, to pluralize.
pluscuamperfecto.
pluperfect
plátano, banana.
pobre, poor man.
poco, little.
podadora, mower.
podar,mowing, to prune.
poder, to be able.
poema, poem.
policía, police.

pollo, chicken.
poner, to put.
ponerse, to put itself.
poquito, a little bit.
por, for, by.
porque, because.
por qué, why.
posesivo, possessive.
postre, dessert.
practicar, to practice.
preciso, precise.
prefacio, preface.
pregunta, question
prender, to turn on.
preocupar, to worry.
preparar, to prepare.
preparatoria, preparatory.
preposición, preposition.
presentar, to introduce.
presente, present.
presión, pressure.
pretérito, preterit, past
tense
prima, cousin.
primavera, spring.
primer, first.
primero, first.
primo, cousin.
principal, main.
principiante, beginner.
principio, principle.
prisa, hurry.
productor, producer.
profesión, profession.
profesor, professor.
programa, program.
progresivo, progressive.
pronombre, pronoun.
pronunciar, to pronounce.
propia, own.
propiedad, property.
proporcionados,
provided.
propósito, intention.
proyecto, project.
práctica, practice.

próxima, next.
puerco, pig.
puerta, door.
puesto, position.
pulgar, thumb.
pulsera, bracelet.
punto, point.
pararse, to stand up.
poner, to put.

Q

que, that.
quedarse, to stay/remain.
querer, to want.
quince, fifteen.
quinientos, five hundred.
quinto, fifth.
quitarse, to take off.
quién, who.
quiénes, who.
qué, what.

R

radiografías, x-rays.
radiólogo, radiologist.
rango, rank.
rara, rare.
razón, reason.
recepcionista, receptionist.
recibir, to receive.
recoger, to gather/pick up
recuerdo, memory.
recámara, bedroom.
reemplazar, to replace.
refiriéndose, talking about.
reflexivo, reflexive.
reforzar, to reinforce.
refrigerador, refrigerator.
regalo, gift.
regla, rule.
releyeron, they reread.
reloj, clock.

reparar, to repair.
repasar, to review.
repetir, to repeat.
repisa, shelf.
requerir, to require.
res, beef.
respuesta, answer.
restas, subtractions.
restaurante, restaurant.
retirar, to withdraw.
reunidos, to get together
revista, magazine.
rico, rich.
robar, to steal.
rodilla, knee .
rojo, red.
romper, to break.
ropa, clothes.
rosas, roses.
roto, broken.
rubio, blonde.
ruido, noise.
rápido, fast

S

saber, to know.
sala, living room.
salir, to leave.
saludos, greetings.
salvadoreño, Salvadoran.
salón, classroom.
sandía, watermelon.
secarse, to dry itself.
secretaria, secretary.
sed, thirst.
seda, silk.
seguir, to follow.
segundo, second.
según, according to.
seis, six.
seiscientos, six hundred.
seleccionar, to select.
semana, week.
semestre, semester.
sencillo, simple.

sentarse, to seat.
señalar, to indicate.
señor, Sir.
señora, lady.
separar, to separate.
septiembre, September.
ser, to be.
serie, series.
servir, to serve.
sesenta, sixty.
setecientos, seven hundred.
setenta, seventy.
sexto, sixth.
si, if.
siempre, always.
sierra, saw.
siesta, siesta, nap.
siete, seven.
significado, meaning.
siguiente, following.
silla, chair.
sillón, armchair.
simpática, nice, likeable.
sitio, place, site.
sobre, on.
sobrina, niece.
sobrino, nephew.
sol, sun.
solamente, only.
soldado, soldier.
sonó, it sounded.
sopa, soup.
sorprender, to surprise.
suave, smooth.
subir, to climb/raise.
sucesivamente, successively.
sucio, dirty.
suerte, luck.
sueño, dream.
suficiente, sufficient.
sugerencias, suggestions.
sujeto, subject.
sumas, sum, additions.
supermercado,

supermarket.
sus, his, her.
sustantivo, noun.
suéter, sweater.
sábado, Saturday.
séptimo, seventh.

T

tabla, table, board.
tablero, board.
tacos, tacos.
tal, so.
taladro, drill.
talón, heel.
también, also.
tampoco, either.
tarde, afternoon, late.
tarea, task.
tazas, cups.
te, you.
teatro, theater.
tele, tele.
telenovela, soap opera.
televisión, television.
teléfono, telephone.
tema, subject.
temporal, temporary.
temprano, early.
tener, to have.
tenis, tennis.
terapeuta, therapist.
tercer, third.
tercio, third.
terminación, completion.
terminar, to finish.
testigo, witness.
ti, you.
tibia, lukewarm.
tiempo, time, weather.
tienda, store.
tijeras, scissors.
tipo, type, kind.
tobillo, ankle.
tocar, to touch.
tocino, bacon.

toda, everything.
todavía, still.
todo, everything.
tomar, to take/drink.
tonto, idiot.
toronjas, grapefruits.
tostado, toasting.
trabajar, to work.
traducir, to translate.
traer, to bring.
trastes, dishes, frets.
tratar, to treat.
traviesa, mischievous.
trece, thirteen.
treinta, thirty.
tren, train.
tres, three.
trescientos, three hundred.
triste, sad.
tu, your.
tus, your.
tuyo, yours.
tuyos, yours.
términos, terms.
tímido, timid, shy.

U

ubicación, location.
últimamente, lately.
último, last.
un, a/an
una, a/an, one.
único, only.
uniforme, uniform.
unir, to unite.
universidad, university.
uno, one.
unos, some, few.
usar, to use.
usted, you.
ustedes, you.
utilería, utility
utilizar, to use, utilize.
uvas, grapes.

V

vainilla, vanilla.
varios, several.
vaso, glass.
vaya, go.
vayan, go.
veces, times.
vecina, neighbor.
vecindario, neighborhood.
veinte, twenty.
vender, to sell.
venir, to come.
ventana, window.
ver, to see.
verano, summer.
verbo, verb.
verdad, truth.
verde, green.
vestido, dress.
vestirse, to get dressed.
vez, time.
viaje, trip, journey.
vidrio, glass.
viejo, old.
viento, wind.
viernes, Friday.
visitar, to visit.
vivir, to live.
vocabulario, vocabulary.
voluntario, volunteer.
volver, to return, back.
voz, voice.

Y

ya, already.
yo, I.

Z

zapatos, shoes.

English-Spanish Vocabulary

A

able, capaz.
about, sobre.
above, sobre.
ache, dolor.
acquire, adquiera.
across, a través de.
action, acción.
activities, actividades.
actress, actriz.
add, agregue, sume.
addition, adición, suma.
address, dirección.
adjective, adjetivo.
adverb, adverbio.
advisor, consejero.
affirmation, afirmación.
affirmative, afirmativo.
afraid, asustado.
after, después.
afternoon, tarde.
again, otra vez.
age, edad.
ago, hace.
airport, aeropuerto.
alarm, alarmar.
algebra, álgebra.
all, todos.
allow, permitir.
almost, casi.
along, a lo largo.
aloud, en voz alta.
alphabet, alfabeto.
already, ya.
also, también.
alternating, alternarse.
always, siempre.
among, entre.
amusement, diversión.
an, un, una.
anatomy, anatomía.
and, y.
animal, animal.
ankle, tobillo.
another, otros.
answer, respuesta.
anthropology, antropología.
antonym, antónimo.

apartment, apartamento.
apple, manzana.
April, Abril.
architect, arquitecto.
architecture, arquitectura.
arm, brazo.
armchair, sillón.
around, alrededor.
arrive, llegar.
article, artículo.
as, como.
ask, preguntar, pedir.
asleep, dormido.
assistant, ayudante.
associating, asociarse.
at, en.
athlete, atleta.
attach, adjuntar.
attempt, tentativa.
attend, atender, asistir.
attention, atención.
August, Agosto.
author, autor.
autos, automóviles.
autumn, otoño.
auxiliary, auxiliar.
away, lejos.

B

back, espalda.
backwards, al revés.
bacon, tocino.
bad, malo.
bag, bolso.
bank, banco.
barbecue, barbacoa.
basically, básicamente.
bathe, báñese.
bathroom, cuarto de baño.
batteries, baterías.
be, ser, estar.
beach, playa.
beans, frijoles.
become, convertirse.
bed, cama.

bedroom, dormitorio.
beef, carne de res.
before, antes.
begin, comenzar.
beginners, principiantes.
beginning, principio.
behind, detrás de.
being, siendo, estando.
below, debajo.
belt, cinturón.
beside, al lado de.
better, mejor.
between, entre.
bicycle, bicicleta.
big, grande.
birthday, cumpleaños.
bits, brocas.
black, negro.
blank, espacio en blanco.
blond, rubio.
blouse, blusa.
blue, azul.
board, tablero.
body, cuerpo.
book, libro.
bookcase, estante para libros.
bookshelf, estante.
boot, bota.
boring, aburrido.
born, nacido.
both, ambos.
bottom, del fondo.
box, caja.
boy, muchacho.
bracelet, pulsera.
brakes, frenos.
break, recreo. descanso.
breakfast, desayuno.
bring, traiga.
brother, hermano.
brown, marrón, café.
brush, cepillo.
building, edificio.
burn, quemar.
bus, autobús.
business, negocio.
but, pero.
butt, extremo.
buttock, nalga.

buy, comprar.
by, por.

C

cabinet, gabinete.
cake, pastel.
calculator, calculadora.
calendar, calendario.
calf, becerro.
call, llamar.
can, poder.
candy, dulce, caramelo.
cantaloupe, melón.
capable, capaz.
caps, gorra.
car, carro, coche.
careful, cuidadoso.
carpenter, carpintero.
carry, llevar.
case, caso.
category, categoría.
cats, gatos.
celebrate, celebrar.
chain, cadena.
chair, silla.
change, cambio.
characteristic, característico.
cheap, barato.
cheek, mejilla.
cherries, cerezas.
chest, pecho.
chicken, pollo.
child, niño.
children, niños.
chocolate, chocolate.
choose, elegir, escoger.
church, iglesia.
circular, circular.
city, ciudad.
clarity, claridad.
class, clase.
classroom, salón de clase.
clean, limpio, limpiar.
cleaned, limpiado.
cleaning, limpieza.
clear, claro.
climate, clima.
climb, subir.

clock, reloj.
close, cerrar.
closet, armario.
clothes, ropas.
clothing, ropa.
cloudy, nublado.
coat, capa, abrigo.
coffee, café.
coin, moneda.
coincide, coincidir.
cold, frío.
collective, colectivo.
color, color.
comb, peine, peinarse.
come, venir.
comfortable, cómodo.
command, orden, mandato.
comments, comentarios.
common, común.
communicate, comunicarse.
communication, comunicación.
company, compañía.
compare, compare.
complement, complemento.
complete, completo.
complex, complejo.
compressor, compresor.
computer, computadora.
condition, condición.
confuse, confundir.
conjugate, conjugar.
conjunction, conjunción.
consider, considere.
construct, construcción.
contains, contiene.
content, contenido.
contents, contenido.
context, contexto.
continue, continuar.
contraction, contracción.
cookies, galletas.
cool, fresco.

cooler, hielera.
corner, esquina.
correct, corregir.
corresponding, correspondiente
could, podría.
counter, mostrador.
court, cancha, patio.
cousin, primo.
cover, cubierta.
cream, crema.
cross, cruz.
cup, taza.
customer, cliente.
cut, cortar.

D

dad, papá.
date, fecha.
day, día.
December, Diciembre.
decide, decidir.
decorate, decorar, adornar.
definite, definido.
deliver, entregar.
demonstrative, demostrativo.
dentist, dentista.
depending, depender.
describe, describir
desk, escritorio.
dessert, postre.
detail, detalle.
detective, detective.
determine, determínar.
develop, desarrollar.
dial, marcar.
dictionary, diccionario.
did, hizo.
died, muerto.
different, diferente.
difficult, difícil.
dining, cena.
dinner, cena.
direct, directo.
director, director.
dirty, sucio.
disappear, desaparecer.
discovered, descubierto.

dishes, platos.
division, división.
do, hacer .
document, documento.
dog, perro.
dolly, carro.
door, puerta.
double, doble.
down, abajo.
drama, drama.
drawer, cajón.
dress, vestido.
drill, taladro.
drink, beber.
driver, conductor.
dry, seco.

E

each, cada uno.
ear, oído.
early, temprano.
easily, fácilmente.
easy, fácil.
eat, comer.
education, educación.
efficient, eficiente.
eggs, huevos.
eight, ocho.
eighth, octavo.
either, cualquiera.
elbow, codo.
elephant, elefante.
eleventh, décimo primero.
emphatic, enfático.
employee, empleado.
encyclopedia, enciclopedia.
end, fin, final.
English, Inglés.
enjoy, gozar.
enough, bastante.
ensure, asegúrese.
entertaining, entretener.
equivalent, equivalente.
eraser, borrador.
even, uniforme.
evening, tarde, noche.
event, acontecimiento evento.
every, cada.

everyday, diario.
example, ejemplo.
exceed, exceder,
rebasar.
except, excepto.
excitement, entusiasmo.
exciting, emocionante.
excuse, excusa.
exercise, ejercicio.
existence, existencia.
expensive, caro,
costoso.
experience, experiencia.
explain, explicar.
export, exportar.
express, expreso.
expression, expresión.
eye, ojo.

F

facing, enfrente de.
fair, justo.
fall, caída.
fast, rápido.
fat, gordo.
father, padre.
favorite, favorito.
February, Febrero.
feel, sensación.
feet, pies.
female, hembra.
feminine, femenino.
few, pocos.
fifth, quinto.
fifty, cincuenta.
file, archivo.
fill, llenar.
final, final.
fine, muy bien.
finger, dedo.
finish, terminar.
first, primero.
fish, pescados.
five, cinco.
fix, arreglar, reparar.
flamingo, flamingo.
flashlight, linterna.
flower, flor.

fluency, fluidez.
folder, carpeta.
follow, siga, seguir.
food, alimento.
fool, tonto.
foot, pie.
football, fútbol.
for, para.
forearm, antebrazo.
forehead, frente.
forget, olvídar.
form, forma.
formulate, formular.
four, cuatro.
fourteen, catorce.
fourth, cuarto.
fractions, fracciones.
frequently, con frecuencia.
Friday, Viernes.
friend, amigo.
from, de.
front, frente.
fruit, fruta.
funds, fondos.
furniture, muebles.
further, además, más lejos.
future, futuro.

G

game, juego.
garden, jardín.
gardener, jardinero.
gender, género.
generally, generalmente.
gerund, gerundio.
get, conseguir.
gift, regalo.
girl, muchacha.
give, dar.
glad, alegre.
glass, vaso, cristal.
go, ir.
going to, ir a.
gold, oro.
good, bueno.
good-bye, adiós.
got, conseguido.
graduated, graduado.

grammar, gramática.
grandparents, abuelos.
grapefruit, toronja.
grape, uva.
grass, pasto, césped.
gray, gris.
green, verde.
greetings, saludos.
group, grupo.
guitar, guitarra.
gym, gimnasio.

H

habitually, habitualmente.
had, tuvo, tenía.
hair, pelo.
half, medio, mitad.
hall, pasillo.
ham, jamón.
hamburger, hamburguesa.
hammer, martillo.
hand, mano.
happen, suceder.
hard, duro, difícil.
has, tiene.
have, tener.
head, cabeza.
headache, dolor de cabeza.
hear, oír.
heard, oído.
heel, talón.
hello, hola.
help, ayudar.
helpful, provechoso.
her, ella.
here, aquí.
hers, suyo.
herself, ella misma.
high, alto.
highways, carreteras.
him, él.
himself, él mismo.
hip, cadera.
his, suyo.
history, historia.
home, casa, hogar.
homework, tarea.
hope, esperar.

horizontal, horizontal.
horse, caballo.
hose, manguera.
hot, caliente.
hour, hora.
house, casa.
how, cómo.
human, humano.
hundred, ciento.
hungry, hambriento.
hurry, prisa.
hurt, doler,
husband, marido.
hygienist, higienista.

I

ice, hielo.
ideas, ideas.
identical, idéntico.
identify, identificar.
idiomatic, idiomático.
if, si.
imperative, imperativo.
imperfect, imperfecto.
impersonal, impersonal.
important, importante.
in, en, dentro.
include, incluir.
increase, aumentar.
indefinite, indefinido.
independence, la
independencia.
indicate, indicar.
indicative, indicativo.
indirect, indirecto.
individually,
individualmente.
infinitive, infinitivo.
information,
información.
initiate, iniciar.
inner, interno.
inside, adentro.
instead, en lugar.
instruction, instrucción.
intelligent, inteligente.
interchange,
intercambio.

interesting, interesante.
interpret, interpretar.
interrogative, interrogativo.
into, en.
introduce,presentar.
invest, invertir.
invitations, invitaciones.
invoices, las facturas.
irregular, irregular.
it, lo, la
Italian, italiano.
its, su.

J

jack, gato hidráulico
jacket, chamarra.
jam, mermelada.
January, enero.
jar, tarro.
jewelry, joyería.
job, trabajo.
join, juntar, unir.
juice, jugo.
July, julio.
June, junio.
just, precisamente.

K

key, llave.
keychain, llavero
kind, clase, bueno.
kitchen, cocina.
knee, rodilla.
knock, tocar, llamar.
know, saber.
knowledge, conocimiento.

L

lamp, lámpara.
language, lengua,idioma.
large, grande.
last, pasado.
late, tarde.
lately, últimamente.
later, más adelante.

lawn, césped.
lawyer, abogado.
lead, conllevar.
lean, read.
learn, aprende.
leave, salir, irse.
left, a la izquierda.
leg, pierna.
lesson, lección.
let, dejar.
letter, letra, carta.
level, nivel.
library, biblioteca.
lie, mentira.
like, gustar, como.
limit, límite.
line, línea.
list, lista.
listen, escuchar.
little, poco.
live, vivir.
location, localización.
long, largo.
look, mirar.
losing, perdiendo.
lost, perdido.
lot, mucho
lotion, loción.
loud, fuerte, alto.
low, bajo.
lucky, afortunado.
lukewarm, tibio.
lunch, almuerzo.
lyrics, letras de canciones.

M

machine, máquina.
made, hecho.
magazine, revista
mail, correo.
main, principal.
majority, mayoría.
make, hacer.
male, varón.
man, hombre.
manager, gerente.
manner, manera, modo.
manual, manual.

many, muchos.
map, mapa.
March, marzo.
marker, marcador.
married, casado.
masculine, masculino.
math, matemáticas.
matter, materia.
meaning, significando.
measuring, midiendo.
mechanic, mecánico.
medal, medalla.
medical, médico.
meet, reunión.
meeting, junta, reunión.
memorize, memorizar.
mention, mención.
method, método.
might, poder, podría.
milk, leche.
mine, mio.
minutes, minutos.
mischievous, travieso.
miss, señorita.
modern, moderno.
moment, momento.
mom, mamá.
Monday, lunes.
money, dinero.
month, mes.
mood, modo, humor.
more, más.
morning, mañana.
most, más.
mother, madre.
motorcycle,
motocicleta.
mountain, montaña.
move, movimiento.
movies, películas.
mower, cortacésped.
much, mucho.
multiplication,
multiplicación.
museum, museo.
music, música.
must, debe.
mutual, mutuo.

my, mi, mis.
myself, mismo.

N

name, nombre.
narrow, estrecho.
nationality, nacionalidad.
native, nativo.
natural, natural.
near, cerca.
necessary, necesario.
necessity, necesidad.
neck, cuello.
negative, negativo.
neighborhood, vecindad.
neighbor, vecino.
never, nunca.
new, nuevo.
newspaper, periódico.
next, próximo, después.
nice, agradable.
niece, sobrina.
night, noche.
ninth, noveno.
noise, ruido.
noon, mediodía.
north, norte.
not, no.
note, nota.
notebook, cuaderno.
noun, sustantivo.
November, noviembre.
now, ahora.
number, número.
nurse, enfermera.

O

object, objeto, complemento.
observe, observar.
obtain, obtener.
occupation, ocupación.
October, octubre.
of, de.
off, apagado.
office, oficina.
officer, oficial.
old, viejo.

omit, omitir.
on, sobre, encendido.
one, uno.
oneself, uno mismo.
only, sólo.
open, abierto.
opposite, opuesto.
or, o.
oral, oral.
orange, anaranjado.
order, orden, ordenar.
ordinal, ordinal.
organize, organizar.
origin, origen.
other, otro.
our, nuestros.
ours, nuestros.
ourselves, nosotros mismos.
out, hacia fuera.
outer, exterior.
outside, afuera.
over, encima.
own, poseer.

P

pain, dolor.
paint, pintura.
painter, pintor.
painting, pintando.
palm, palma.
panther, pantera.
paper, papel.
parents, padres.
park, parque.
parking, estacionamiento.
part, partición
participate, participan.
participle, participio.
part, parte.
party, fiesta, partido.
past, pasado.
patience, paciencia.
pay, pagar.
peaches, duraznos.
pear, pera.
pen, pluma.
pencil, lápiz.
people, gente.

perfect, perfecto.
person, persona.
phone, teléfono.
photograph, fotografía.
photos, fotos.
phrase, frase.
physical, física.
pianist, pianista.
pick, recoger.
picture, cuadro, pintura.
piece, pedazo.
pineapple, piña.
pink, color de rosa.
pl., plural.
place, lugar.
plane, avión.
plant, planta.
play, jugar.
play, juego.
please, por favor.
pliers, pinzas.
plumber, plomero.
pluperfect,
pluscuamperfecto.
pluralize, pluralizar.
pocket, bolsillo.
poem, poema.
police, policía.
policeman, policía.
poor, pobre.
pork, cerdo.
position, posición.
possession, posesión.
possessive, posesivo.
possible, posible.
postpone, posponer,
aplazar.
potato, papa, patata.
power, energía eléctrica.
practically,
prácticamente.
practice, prácticar.
practicing, practicando.
precise, exacto.
preface, prefacio.
prepare, preparar.
preposition,
preposición.
present, presente.

presents, regalos.
preterit, pretérito.
pretty, bonito, bastante.
previous, anterior.
primordial, primordial.
print, imprimir.
producer, productor.
profession, profesión.
professor, profesor.
program, programa.
progressive, progresivo.
project, proyecto.
pronoun, pronombre.
pronounce, pronunciar.
pronunciation, pronunciación.
provide, proporcionar.
publisher, editor.
purple, morado, púrpura.
purpose, propósito.
put, poner.

Q

qualities, cualidades.
quantities, cantidades.
question, pregunta.

R

radiologist, radiólogo.
rain, lluvia.
rainbow, arco iris.
rainy, lluvioso.
raise, aumento.
rang, sonó.
rank, fila, linea.
ratchet, trinquete.
reach, alcanzar.
read, leer.
ready, listo.
receive, recibir.
receptionist, recepcionista.
red, rojo.
refer, se refiere.
reflexive, reflexivo.
refrigerator, refrigerador.
reinforce, reforzar.
release, lanzamiento.
remember, recordar.

remove, quitar.
repeat, repetir.
replace, reemplazar.
required, requerido.
response, respuesta.
rest, resto.
restaurant, restaurante.
resting, descansando.
return, devolver.
review, revisar.
rice, arroz.
rich, rico.
ride, paseo.
right, derecho.
rise, levantarse.
river, río.
roller, rodillo.
room, cuarto.
roses, rosas.
rule, regla.
ruler, regla.
run, correr.

S

sad, triste.
salad, la ensalada.
same, iguales.
sandwich, emparedado.
Saturday, sábado.
saved, ahorrado.
saw, sierra.
say,decir.
scare, asustar.
school, escuela.
scissors, tijeras.
screwdriver, destornillador.
season, estación.
seat, asiento.
second, segundo.
see, ver.
seems, se parece.
select, selecto.
sell, vender.
semester, semestre.
send, envíar.
sent, enviado.
sentence, oración.
separate, separar.

September, septiembre.
series, serie.
serve, servir.
set, juego, conjunto.
seven, siete.
seventh, séptimo.
seventy, setenta.
several, varios.
she, ella.
shears, tijeras.
sheet, hoja.
shelf, repisa.
shell, concha.
shirt, camisa.
shoe, zapato.
shopping, haciendo
compras.
short, corto, pequeño.
should, debe de,
debería.
shoulder, hombro.
shown, demostrado.
shy, tímido.
sick, enfermo.
silk, seda.
silverware, los
cubiertos.
similar, similar.
simple, simple.
since, desde entonces.
sing, cantar.
single, soltero,
individual.
singular, singular.
sister, hermana.
sit, sentarse.
sitting, sentándose.
six, seises.
sixth, sexto.
skirt, falda.
sky, cielo.
sleepy, soñoliento.
slow, lento.
small, pequeño.
snow, nieve.
snowing, nevando.
so, tan, por consiguiente.
soccer, fútbol.
sociable, sociable.

socket, dado
socks, calcetines.
soft, suave.
soldier, soldado.
sole, único.
some, algunos.
someone, alguien.
something, algo.
son, hijo.
sorry, perdón.
soup, sopa.
spaces, espacios.
Spanish, español.
speak, hablar.
speakers, los altavoces.
special, especial.
specific, específico.
spell, deletrear.
spelling, deletreando.
sport, deporte.
spring, primavera.
stadium, estadio.
stand, estar de pie.
standing, estar parado.
stapler, engrapadora.
state, estado.
statement, declaración.
station, estación.
stay, permanecer.
step, paso.
stockings, las medias.
stomach, estómago.
storage, almacenaje.
store, almacén.
story, historia.
stove, estufa.
strategy, estrategia.
strawberry, fresa.
street, calle.
structure, estructura.
student, estudiante.
study, estudio.
style, estilo.
subject, tema.
subsequently, posteriormente.
subtraction, resta,
substracción.
such, tales.
suggestion, sugerencia.

suit, traje. juego.
suitable, adecuado.
summer, verano.
sun, el sol.
Sunday, domingo.
supermarket, supermercado.
supper, cena.
surgery, cirugía.
surprise, sorpresa.
sweater, suéter.
swim, nadar.
swimming, natación.

T

t-shirt, camiseta.
table, mesa.
take, tomar.
tale, cuento.
talk, platicar.
tall, alto.
tape, cinta.
taxi, taxi.
teach, enseñar.
teacher, maestro, profesor.
tell, decir.
temporary, temporal.
tennis, tenis.
ten, diez.
tense, tiempo.
tenth, décimo.
test, prueba.
than, que.
thank, agradecer.
that, eso.
the, el, la, los, las.
theater, teatro.
their, su, sus de ellos.
theirs, el suyo.
them, ellos, ellas.
themselves, ellos mismos.
then, entonces.
therapist, terapista.
there, allí.
these, éstos.
they, ellos, ellas.
thick, grueso.
thin, delgado, flaco.
thing, cosa.

think, piensar.
third, tercero.
thirsty, sediento.
thirty, treinta.
this, este, esta, esto.
those, esos, esas.
though, aunque.
thought, pensé.
thousand, mil.
three, tres.
through, a través.
Thursday, jueves.
ticket, boleto.
tie, corbata.
till, hasta.
time, tiempo.
to, a, hacia.
toast, tostado.
today, hoy.
toe, dedo del pie.
together, junto.
tomorrow, mañana.
tonight, esta noche.
too, también.
tool, herramienta.
top, parte superior.
topic, tema, asunto.
toward, hacia.
train, tren.
translate, traducir.
tree, árbol.
trip, viaje.
trousers, los pantalones.
trunk, cajuela.
truth, verdad.
Tuesday, martes.
turkey, pavo.
twelfth, décimo
segundo.
twenty, veinte.
twice, dos veces.
two, dos.
types, tipos.
U

ugly, feo.
uncle, tío.
uncomfortable,
incómodo.

under, debajo de.
understand, entender.
understanding, entendiendo.
uniform, uniforme.
university, universidad.
up, arriba.
us, nosotros.
use, usar.
utility, utilidad.
utilize, utilizar.

V

vanilla, vainilla.
various, varios.
vast, extenso.
verb, verbo.
very, muy.
vice-grips, pinzas.
visit, visitar.
vocabulary, vocabulario.
volunteer, voluntario.
vowel, vocal.

W

waist, cintura.
waiting, esperando.
wake, desperetarse.
walk, caminar.
wall, pared.
want, desear.
warehouse, almacen.
was, era.
wash, lavar.
watch, ver, reloj.
watches, los relojes.
watching, mirando.
water, agua.
watermelon, sandía.
way, manera, modo.
we, nosotros.
wear, llevar puesto, usar.
weather, tiempo.
wedding, boda.
Wednesday, miércoles.
week, semana.
weekend, fin de semana.
welcome, (You are) de nada

well, bien.
were, eran.
what, qué.
when, cuándo.
where, dónde.
which, cuál.
white, blanco.
who, quién.
whom, a quién(es)
whose, de quién(es)
why, por qué.
wide, ancho.
wife, la esposa.
win, ganar.
window, ventana.
windy, ventoso.
winter, invierno.
wish, desear.
with, con.

withdraw, retirar.
within, dentro.
witness, testigo.
wonderfully,
maravillosamente.
wood, madera.
word, palabra.
work, trabajo.
worry, preocupación.
wrapping, envolviéndo.
wrist, muñeca.
write, escribir.
writer, escritor.
wrong, incorrecto.

X

x-rays, radiografías.

Y

yard, patio, yarda.
year, año.
yellow, amarillo.
yes, sí.
yesterday, ayer.
yet, todavía.
you, tú, usted, ustedes.
young, joven.
your, su.
yours, el suyo.
yourself, usted mismo.

Z

zero, cero.